宁夏
高等教育财政
管理机制研究

马　莉◎著

黄河出版传媒集团
宁夏人民出版社

图书在版编目（CIP）数据

宁夏高等教育财政管理机制研究/ 马莉著. — 银川：
宁夏人民出版社，2016.12
　　ISBN 978-7-227-06574-6

　　Ⅰ.①宁… Ⅱ.①马… Ⅲ.①高等教育—财政管理
—研究—宁夏 Ⅳ.①G647.5

中国版本图书馆 CIP 数据核字(2016)第 315202 号

宁夏高等教育财政管理机制研究　　　　　　　　　　马莉 著

责任编辑　杨海军　王瑞
封面设计　邵士雷
责任印制　肖　艳

黄河出版传媒集团
宁夏人民出版社　出版发行

出 版 人　王杨宝
地　　址　宁夏银川市北京东路 139 号出版大厦(750001)
网　　址　http://www.nxpph.com　　　　　　http://www.yrpubm.com
网上书店　http://shop126547358.taobao.com　　http://www.hh-book.com
电子信箱　nxrmcbs@126.com　　　　　　　renminshe@yrpubm.com
邮购电话　0951- 5019391　　　　5052104
经　　销　全国新华书店
印刷装订　宁夏银报印务有限公司
印刷委托书号　（宁)0003899

开　　本　880mm × 1230mm　　1/32
印　　张　7.25
字　　数　300 千字
版　　次　2016 年 12 月第 1 版
印　　次　2016 年 12 月第 1 次印刷
书　　号　ISBN 978-7-227-06574-6
定　　价　36. 00 元

目　录

导　论

随着国家西部大开发战略和高等教育扩招政策的实施，高等教育现已成为西部民族地区教育文化事业发展的重要组成部分。民族自治地方的经济发展和社会建设能否实现跨越式发展，关键取决于教育，尤其是高等教育所培养的高级人才数量和质量。民族自治地方高等教育的发展为当地培养了大量实用型、高素质的少数民族人才，是逐步缩小民族地区差距，维护民族团结稳定，促进教育公平，走向共同富裕的必经之路；也是加快少数民族地区经济发展，提高民族地区教育文化水平的"活化剂"。

宁夏高等教育的发展是宁夏社会建设的重要方面，在为民族地区实施高等人才战略、提高科技文化水平、促进社会经济发展等方面发挥了十分重要的作用。高等教育财政投入是高等教育快速发展的基石和保障，是高等教育管理活动的重要组成部分，也是中央对高等教育发展进行宏观调控的重要抓手。民族自治地方高等教育财政管理体制是否健全和完善，直接影响到该地区高等教育发展的速度与质量，在促进民族自治地方社会建设和高等教育健康发展中发挥着重要的作用。

近些年来，宁夏回族自治区人民政府不断加大对普通高等教育的财政支持力度，使宁夏高等教育得以快速发展，促进了宁夏经济社会的繁荣和可持续发展。

本书立足于当前宁夏高等教育发展的整体情况，对"十二五"期间制约宁夏高等教育发展的因素，即高等教育财政管理机制进行了全面剖析，依据社会建设理论、高等教育理论、教育财政投入理论等，深入研究民族自治地方高等教育财政投入管理机制的理论基础，并全面分析宁夏高等教育发展与高等教育财政管理机制，以及民族自治地方社会建设与高等教育财政管理机制之间的紧密关系。同时，通过回顾与反思"十二五"期间宁夏高等教育发展取得的成绩及存在的不足，运用案例分析法，将宁夏大学和宁夏财经职业技术学院作为宁夏高等教育中的本科院校和高职院校的个案，对其"十二五"期间以来高等教育发展取得的重大效益和不足之处进行调查研究。另外，深入到宁夏回族自治区教育、财政部门和高等院校并通过实地调研，全方位、多角度地了解目前宁夏高等教育的发展现状、已取得的成就及存在的问题，综合获取本书的第一手基础性资料，进而利用访谈内容、研究数据以及调查结果，采用定量研究和定性研究有机结合的方法，客观分析了在民族自治地方教育财政自治权的视域下，制约宁夏高等教育发展的主要因素，即高等教育财政投入管理机制在制度建设、投入总量、管理机制、使用效率、监督机制等方面存在的不足，分析制约宁夏高等教育财政管理机制发展的内外因素。同时，吸收并借鉴美国高等教育财政管理机制的可操作性管理模式和先进理念，从中央财政部门、民族自治地方省级教育财政部门和高校财务部门三级层面，积极探寻完善宁夏高等教育财政管理机制、增强宁夏高等教育发展水平的有效对策，为教育、财政部门和高等院校更新管理理念，增强管理能力提供有益借鉴，促进宁夏高等教育的健康、快速发展。

一、研究背景和意义

（一）研究的背景

当今世界生产力的提升主要是依靠科技进步和提高劳动者的素质，而不再是依靠密集的劳动力和粗放的生产。高等教育促进科学技术发展，是社会发展建设和人口素质提升的塔基工程。据《国家中长期教育改革和发展规划纲要（2010—2020）》数据显示，预计"我国高等教育毛入学率2015年将增加到36%，2020年达到40%"，这说明我国高等教育大众化进程将逐步加快。高等教育财政投入是高等教育快速发展的基石和保障，是高等教育管理活动的重要组成部分，也是中央对高等教育宏观调控的重要抓手。高等教育财政投入管理体制配置格局，直接关系到宁夏高等教育发展的速度与质量。党的十八届五中全会，在新的历史起点上，以新的理念系统部署了深化教育财政投入机制的改革措施。习近平主席在2015年的中央民族地区工作会议上，着重提出"教育投入要向民族地区、边疆地区倾斜，办好民族地区高等教育，搞好双语教育"。《中华人民共和国国民经济和社会发展第十三个五年规划纲要》也明确提出，要"推进高等教育分类管理和高等学校综合改革，扩大重点高校对中西部和农村地区招生规模，统筹推进世界一流大学和一流学科建设"。

改革开放以来，自治区党委、政府致力于加强宁夏高等教育事业的快速发展，始终坚持"优先发展、重点扶持"的政策，不断加大高等教育财政投入力度，大力发展高等教育，旨在提高民

族地区人口素质，培养大量优秀干部；坚持人才强区和科教兴宁战略，不断创新高等教育发展思路，完善高等教育机制建设，使得宁夏高等教育事业取得了长足发展。

宁夏是少数民族自治区，实行民族区域自治制度，但民族自治地区教育财政自治权长期以来难以得到有效保障。随着我国财政体制机制改革的持续深入，以及民族自治地方财政格局和财政管理方式的变化，民族自治地方教育财政投入管理机制问题业已成为一项迫切需要深入研究的重要课题，所以，全面推进宁夏高等教育财政投入体制改革，必须建立更加完善的高等教育财政管理运行机制，并通过立法切实保障民族自治地方的教育财政自治权利，改善宁夏高等教育发展的现状，从而确保宁夏教育资源得到公平、有效的利用，促进高等教育持续、健康、有序的发展。

（二）研究意义

1. 理论意义

第一，有利于深化和完善民族自治地区高等教育财政管理理论。

目前，高等教育的财政投入问题已成为国内高等教育界的关注点，其核心主要集中在高等教育的经费投入，但当民族地区教育财政自治权理论被引入到民族学以后，引起了国内外许多高等教育专家、学者的兴趣，并在此领域做了大量的研究。应当承认，教育界的研究工作对于我们更好地认识和理解高等教育财政投入及教育财政自治有着一定的借鉴意义和价值，然而对于通过完善高等教育财政投入管理机制，更好地行使民族自治权，加强民族区域自治建设的研究和分析则不够全面和深入。本书在已有的一般财政理论研究基础之上，通过对民族自治地方高等教育财政投入管理体制所作的理论阐释，明确了各职能部门的责任、权利与义务，并针对宁夏高等教育财政投入管理体制存在的种种问题，从民族地区教育财政自治制度的角度剖析其根源，提出有针对性的解决对策，深入地将民族自治地方教育财政自治理论运用到高等教育财政投入管理理论中，丰富和补充该理论研究的具体内容，对于宁夏整个高等教育体制改革的顺利推进，以及区域高等教育大众化目标的有效实现均有着较强的理论和实践意义。

第二，有利于进一步充实和健全民族自治地方高等教育理论的研究。

由于我国高等教育起步晚、起点低，一直以来缺少经验和可供参考的成功模式，造成国家在发展高等教育方面的政策困惑和矛盾；再加上高等教育财政管理机制方面的理论知识匮乏和实践经验不足，造成我国高等教育财政理论发展滞后，尤其在民族地区，如何成功办好高等教育，如何切实做好高等教育财政投入工作，最大限度地发挥资金的使用效益，这项工作无论是各级政府还是民族地区的高等院校，都一直处在不断地摸索和研究过程中。在此，笔者认为，在民族自治地方发展高等教育，必须要高度重视财政机制在整个过程中的重要作用，要体现其民族地区的特殊性。因此，以民族地区教育财政自治和高等教育财政管理机制的新视角研究高等教育的发展，对高等教育理论的研究极具开拓性和创新性。

第三，有利于加强和丰富民族区域自治的理论研究，加强民族自治地方的法制建设。

我国自实行民族区域自治法以来，民族地区自治理论比较丰富，但从查阅的有关专著和研究来看，将教育财政自治建设理论

单独提炼出来，并和高等教育财政管理机制改革有机结合的研究还很有限，这方面的理论研究还缺乏系统性和全面性。本书旨在通过对宁夏高等教育财政投入机制的研究来加强宁夏教育财政自治建设和促进高等教育的发展。开展对这一课题的研究，有利于将高等教育财政投入与教育财政自治建设协调统一起来，有助于总结民族自治地方教育财政自治工作的经验与教训，完善民族区域自治制度建设，促进民族地区法制建设，以此丰富和完善民族区域自治政策及教育财政自治制度的相关理论内容。

2. 实践意义

第一，有利于民族地区高等教育事业的发展和教育公平的实现。

高等教育教学设备、基础设施、场地规模等硬实力建设，教学科研、师资队伍、学科建设等一系列软实力打造都直接受到教育财政的影响，并且高等教育财政投入还与民族地区教育平等、家庭教育成本、就业前景等切身利益密切相关。因此，研究宁夏高等教育财政管理机制，可以作为一个新的切入点，从根本上剖析目前宁夏高等教育财政机制的发展现状和存在的问题，切实解决高等教育事业的资金保障问题，有效发挥高等教育经费的使用效益，合理分配国民收入，平衡民族地区教育资金分配不合理，缩小区域、城乡、校际间差距，统筹城乡教育资源均衡配置格局，切实加快并实现高等教育公平，提高宁夏高等教育资金利用效率，促进高等教育事业跨越式发展。

第二，有利于民族自治地方社会建设及其现代化的顺利进行。

科技是第一生产力，任何一个区域的快速发展都离不开高科技、高水平、高层次人才的智力支持和人力资源保障。因此，一个地区，尤其是民族自治地方，其高等教育的发展与当地的经济发展紧密相关，市场需求和经济发展对高等教育的专业设置、学术方向、学科建设等具有决定性作用。同时，高等教育通过培养大批高素质、技能型、实用型优秀人才，为民族地区的经济发展和社会发展提供了强有力的人力资源保障和科学技术支撑，持续调整民族地区经济结构和经济发展模式，促进该地区自然资源和社会资源的合理开发与配置，进而推动民族地区经济的持续、健康发展。

第三，有利于缩小地区差距，维护民族地区团结和社会稳定。

长期以来，由于历史和自然环境的原因，我国民族地区经济、文化发展极不平衡，社会结构发育参差不齐，在科技、文化、经济等领域与非民族地区存在很大差距。因此，只有大力发展高等教育事业，普及科学文化知识，加强民族地区高层次人才培养，增强民族地区人口综合文化素质，才能从根本上提升民族地区科学技术水平，提高各族人民的物质文化生活水平，缩小地区间的经济差距，促进民族地区的安定团结和国家的长治久安。

二、研究目的和方法

（一）研究目的

通过了解和考察宁夏"十二五"期间高等教育财政投入和管理机制现状、取得的成就及尚存在的问题，笔者发现在民族自治地方教育财政自治视域下，当前宁夏高等教育财政管理机制存在缺失之处。因此，本书的研究目的就是找出高等教育资金使用效率低下的深层次原因，分析制约高等教育财政管理机制的内外因素，同时，吸收并借鉴美国高等教育财政管理机制的可操作性管理模式和先进理念，进而积极探寻提升宁夏高等教育财政管理的

有效对策，以完善高等教育财政投入管理机制，帮助各级教育、财政部门和高等院校更新管理理念，增强管理能力，从根本上加快高等教育财政管理机制走向系统化、规范化、实用化和法制化，促进宁夏高等教育的健康、稳定和快速发展。

（二）研究方法

第一，通过文献研究法来考察和梳理民族自治地方高等教育财政管理机制的历史起源、发展过程和当前现状，通过查阅国内外专家关于民族地区高等教育财政管理机制的最新观点和相关研究材料，结合访谈资料和统计数据，分析宁夏在"十二五"期间高等教育财政管理机制方面取得的成就和存在的问题。同时，通过学习和借鉴美国高等教育财政管理机制的先进理念和做法，分析宁夏高等教育财政管理机制方面存在的问题，从中发现研究的切入点和创新点，并在此基础上探析和开拓新的研究空间，找出增强宁夏高等教育财政投入管理机制和教育财政自治建设的有效措施，促进宁夏高等教育的创新性、跨越式发展。

第二，在调查研究阶段，采用实证研究法，切实深入到各级财政、教育部门和高等院校中调查历年高等教育投入数据，与教育财政主管部门工作人员、一线教师、校长和财务人员座谈，全方位、多角度地了解此项研究的现状、取得的成就及尚存的问题。访谈的问题涉及高等教育近几年取得的成就，经费获取的途径、使用的成效及对高等教育经费管理机制的看法等。同时，对照宁夏"十二五"期间高等教育财政投入的数据分析结果，利用定性和定量的综合分析方法，从宁夏高等教育实际出发，客观认识宁夏高等教育财政管理机制方面的缺失，深刻分析制约宁夏高等教育发展的各种因素，进而提出解决问题的对策和途径。

第三，通过描述统计法对宁夏"十二五"期间高等教育财政投入数据和占全国财政性教育经费的比例，以及教育规模、办学条件、师资队伍、科研建设等进行纵向对比分析，同时对中美两国高等教育财政投入情况进行横向对比分析，全面了解宁夏高等教育经费投入的增长情况和取得的成效，从民族地区教育财政自治的视角，深层次分析宁夏高等教育财政投入总量、经费来源及使用效益，为宁夏高等教育财政管理机制研究提供参考依据。

第四，使用案例研究法分析宁夏高等教育。高等教育既包括本科教育，也包括高等职业教育，所以本书以宁夏大学作为宁夏高等教育本科院校的研究对象，以宁夏财经职业技术学院作为高职院校的研究对象，通过分析、比较两所比较具有代表性的宁夏高校"十二五"期间在学校基础设施建设、师资队伍、学科建设、招生规模以及预算内教育财政性投入经费，尤其是将专项资金的增长、使用和效益情况以点带面，反映当前制约宁夏高等教育发展的财政管理机制中存在的各种问题，进而为下一步策略研究奠定良好的基础。

第五，在研究过程中注重使用比较法对中西方高等教育财政投入管理机制特点及类型进行分析，排除两国国情和国家性质不同等因素，找到中美两国在高等教育财政投入管理机制方面的最佳结合点。积极学习和借鉴美国高等教育财政投入管理机制的先进模式和理念，实事求是地从宁夏当前高等教育发展的实际情况出发，客观、科学地构建符合当前宁夏高等教育财政管理机制发展现状并能够切实提高高等教育财政投入管理能力的可操作性运作模式。

（三）创新性分析

1. 研究内容的创新

从查阅的相关专著和研究材料来看，对财政管理机制的内容论述比较多，对高等教育财政管理机制理论的研究比较少，从民族自治地方教育财政自治权的新视角研究高等教育财政投入机制的研究则是少之又少。本书全方位从促进宁夏高等教育发展的需要出发，将民族自治地方教育财政自治建设与高等教育财政管理机制理念有机结合，进一步论证二者之间的密切关系。因此，本书具有较强的新颖性、开创性和探索性。

2. 研究方法的创新

本书是一项跨学科的调查研究，综合运用了民族社会学、公共财政学、高等教育学、教育经济学等多学科知识，运用了文献法、比较法、描述统计法、案例分析法等多种研究方法。

3. 研究视域的创新

本书在提出高等教育财政投入管理模式方面，不仅对自治区"十二五"期间的高等教育发展和高等教育财政管理机制情况进行了纵向对比分析，而且从中西方对该问题的解决办法中寻找最佳结合点，吸收和借鉴国内外最新的高等教育发展理念，提出在民族自治地方建立健全高等教育财政投入机制的可行性建议，具有一定的创新性和可操作性。

三、文献综述和评析

（一）国外研究状况

20世纪50年代以来，一些西方国家的教育学家采用各种研究方法对教育的资金投入和产出效益开展了大规模的实地调查，主要目的在于通过分析教育财政管理体制，探讨教育财政投入的最佳使用方案，促使教育投资实现效益最大化。

第一，民族地区政府财政对高等教育支出的公平性和重要性。

由于各民族地区经济发展水平和地方财政的收入差别，决定了各自在教育事业上的投入力度大不相同，并且呈现出较大的差距。在这个问题上，城市和农村的教育投入力度差别非常显著，少数民族地区较非少数民族地区的差异尤为明显。[①]舍曼认为，由于民族地区学校教育对地区和地方政府部门资助具有很强的依赖性，这就必然产生各学校的拨款不平衡现象。在多数情况下，中央政府必须承担为地方政府提供拨款的责任以解决为适龄青年办学而又资金不足的问题。[②]查德·马斯格雷夫是美国著名经济学家，他认为高等教育投入在有利于各个学生发展的同时，也有利于社会的发展。乔·史蒂文斯也认为，高等教育会对社会经济的发展产生确定的正向外部性，社会应该鼓励它们的供给，这一观点几乎没有人会否认。[③]

第二，高等教育财政管理机制对发展民族高等教育的重要性。

约翰·斯通通过考察美国、法国、瑞典等国家民族地区学生财政资助政策，结合人力资本理论，提出了高等教育成本分担理论，其影响几乎波及全世界。在这之后，世界各国制定高等教育学费政策几乎都以成本分担为理论依据。约翰·斯通界定高等教育成本分担的主体包括政府、学生、家长、慈善家，并深刻剖析了全球

---

①②Andrew Gillette. *Financial Aid in Theory and Practice Why It Is Ineffective and What Can Be Done About It.Report from the Center for College Affordability and Productivity*, April 2009.

③Attila and Ayala BG., *Minority Education and Development in Asia source Educatiial Planning and Administration*, 2003(4).

范围内的高等教育成本分担制度。[1]基于"资本市场失灵"现象，"政府应该资助个人高等教育投入，借此来防止因资本市场的失灵而导致各个阶层入学机会的不平等"[2]。政府财政应当保证能力相似的学生都能获得同一充足水平的高等教育投入或者产出，这即为横向公平；还有一种纵向公平的概念，这是将"充足"看作为一种纵向公平的形式，指出民族地区不同教育需要的学生应该具有不同的充足投入标准。财政充足与公平原则不同，前者强调民族地区高等教育投入或产出的绝对足够水平，而财政公平则强调在不同地区或人群之间高等教育投入或产出的相对分配水平。

（二）国内研究状况

第一，民族自治地方公共高等教育财政投入的影响因素。

用两个指标分别来衡量公共高等教育投入，一个是各地区教育事业费投入占财政总投入的比例，另一个是各地区教育事业费投入占地区生产总值的比例。影响因素包括民族自治地方社会建设水平、所有制结构、产业结构、人口因素、财政分权制度等。有学者研究发现："（1）民族自治地方社会建设水平与公共高等教育投入之间存在着负相关关系；（2）国有经济在经济总体中所占比重较大，教育事业投入在财政投入中所占的比例就比较低；（3）第一产业占国民经济比重大的地区，公共高等教育投入的比例则越小；（4）财政收支的分权程度对公共高等教育投入比例产生正面影响，而对公共高等教育投入比例产生的负面影响

---

① Henry M.Devin.Corns E.Driver,*Cost of Minority Educational System*.Education Economics,2007(5).

② Coleman James,*the Concept of Equality of Educational Opportunity*. Harvard Education Revved,1998(6).

较小。"①

通过实证分析发现，"民族自治地方政府高等教育投入逐年增加的重要原因关键在于经济增长，而高等教育投入的重要源泉则是财政收入。我国民族自治地方高等教育投入和实际经济增长之间存在着稳定的某种协同互动的均衡关系，高等教育投入的波动与经济增长的波动之间总是存在高度的相关关系"②。

第二，民族地区高等教育的倾向性投入问题。

国家应该增加对民族地区高等教育事业的预算投入，提高教育经费在国家财政投入中的比重，增加各类学校的招生名额。国家繁荣富强的根本在于教育，但不应这样认为，动员社会力量办学，发展教育产业，国家就可以削弱对高等教育的投入；相反，应该继续增加投入，尤其是对少数民族经济欠发达地区，更应该尽可能多地增加投入。③

民族地区教育财政投入的分权机制可以被认为是激励地方政府提高教育供给质量和效率的有效机制，应设计适当的补充机制，并适度引入中央政府干预，从而缓解教育机会不均等和群分现象对低收入家庭人力资本积累的负面影响。④

第三，高等教育与民族自治地方高等教育财政管理机制的关系问题。

从规模、结构、质量、效益各方面，学术界阐述了高等教育

---

①杨广军：《我国高等教育公平的制度性障碍及政策建议》，《当代教育论坛（上半月刊）》，2009 年第 10 期。
②杨金土：《对发展高等教育几个重要问题的基本认识》，《教育研究》，2010 年第 6 期。
③王安：《高等教育的供给效应分析》，《国家教育行政学院学报》，2010 年第 2 期。
④颜泽贤：《论高等教育发展的路径》，《教育与经济》，2011 年第 1 期。

存在的问题。归根结底还是教学效果不够理想、人才质量不过关。这一问题的成因及表现是复杂的，众多学者从不同角度进行分析得出的结论具有较高的借鉴价值。多数学者认为，需要加大投入力度，充分挖掘自身潜力，努力提升办学效益，大力发展民族自治地方高等教育。同时，争取获得国家对民族自治地方高等教育政策倾斜的支持，争取获得发达地区的对口扶持。①"少数民族地区高等教育发展仍需要坚持国家扶持和自力更生相结合的原则，除了重点支持少数民族地区高等教育的学科建设、扶持优势特色学科和积极发展新兴学科与交叉学科外，还要支持师资培训、课程设置等方面的发展。所以，对西部少数民族高等教育发展，中央和地方财政应加大投入力度，需要建立与公共财政机制相适应的高等教育投入机制，进一步完善'政府＋多渠道筹措经费'的西部少数民族地区高等教育投入保障制度。"②

第四，宁夏高等教育财政管理机制问题。

在宁夏，虽说高等职业教育在规模上占据了高等教育的"半壁江山"，但是无论生源、教学水平还是经费投入，高等职业院校和普通高等院校相比差距较大。就宁夏当前高等职业教育的发展现状来看，在高等职业教育方面的投入仍不足。从整体来看，义务教育的财政投入占整个宁夏教育经费的比重较大，这也是宁夏高等职业教育发展落后于全国其他省份的重要因素之一。

（三）国内外研究状况评析

综上所述，可以看出国内外高等教育财政管理机制与高等教

---

①刘旭东：《公平与效率：高等教育资源配置中政府与市场的角色适位与融合》，《教育理论与实践》，2011 年 12 期。

②胡鞍钢：《西部开发中的少数民族高等教育发展战略》，《研究动态》，2010 年第 8 期。

育发展的研究已经取得了很多成果，该研究对于更好地认识和理解我国高等教育财政管理机制中存在的问题和改进措施，以及为民族地区教育财政自治的各项政策提供了深厚的理论基础，但总的来说仍存在很多问题。比如，一方面国内关于高等教育财政管理机制的研究，大多集中在如何加大高等教育财政投入的力度，而对教育财政投入与民族自治地区的教育财政自治权相结合的理论研究较为缺乏；另一方面，民族地区自治权的研究虽然逐渐增多，但这些研究中结合高等教育财政自治权的研究较少，特别是针对西部民族地区的高等院校。以民族区域自治法中民族教育财政自治权的全新视角，对宁夏高等教育财政投入机制影响高等教育的发展进行研究，将二者有机结合的研究文献则更少，且还没有形成体系。同时，也可以看出我国高等教育财政投入管理机制模式的研究十分有限，与国外相关研究相比，无论在质上还是量上都存在很大差距，虽然也有少数相关的文章进行了探讨，但并没有进行深入研究。

高等教育作为一项重要的教育类型，应该有一个与之相对应的健全的教育财政投入机制作为资金保障，形成一个与民族自治地方社会建设相适应的、能够促进民族地区高等教育事业发展的财政管理体系，从而促进高等教育持续、健康的发展。民族地区高等教育管理机制是当地高等教育健康发展和充分行使教育财政自治权的有效途径和经济保障，该领域还有待我们更深入的研究，本书旨在此做进一步的研究和探讨。

四、美国高等教育财政管理机制的经验借鉴

美国作为全球发达国家，也是联合国安理会五个常任理事国之一，引领着世界的政治、经济、文化、军事等诸多尖端领域的

发展。科学技术是第一生产力，如今的美国所取得的如此绝对优势，与教育的良性发展息息相关，尤其是美国的高等教育，使其拥有了大批高素质、高水平的技术人才和最前沿、最尖端、最先进的技术成果。美国同时又是个移民国家，拥有多民族、多种族，有"民族大熔炉"的称号。美国以白人为主，除此之外还有相当数量的其他族群。2009 年人口普查数据显示，28.3%的人口为少数民族，由 12.8%的非洲裔、10.4%的拉美裔、3.9%的亚洲裔和1.2%的印第安人组成。[①]美国在高等教育发展的整体水平上占有绝对领先位置，而中国与之相比存在着较大的差距。如何在中美两国国家性质、国情、教育财政投入方式和发展水平均存在巨大差异的前提下，汲取美国高等教育财政投入的先进管理经验，并充分考虑中国的具体国情和发展状况，使全球先进的教育财政投入管理机制具有中国特色、本土特色，这是当下中国高等教育亟急需解决的重要问题。

笔者 2014 年 9 月至 2015 年 9 月曾作为访问学者赴美国北爱荷华大学参加国家留学基金委公派留学，配合美国北爱荷华大学教育学院导师完成相关高等教育科研课题，认真钻研了美国专家学者对高等教育财政工作的政策解读和真知灼见，在此加深了对相关学术理论知识的学习和思考，将美国高等教育财政管理机制中的先进经验进行整理，以供中国高等教育借鉴和学习。尽管中美两国国家性质和具体国情不同，但在发展高等教育财政管理机制的内容和努力方向方面，美国经验仍有很多值得参考的地方。

---

①陈学飞:《美国高等教育发展史》，四川大学出版社，2009 年，第 10 页。

（一）美国高等教育财政投入管理机制的特点

美国政府高度重视对高等教育的财政支持，其教育经费主要来源于财政拨款。联邦政府主要通过高等教育的学生资助、机会资助，以及与学术、科技有关的项目，设立科学研究赠款等措施，从而重点支持高等教育。各个社会团体、企业、个人也在大力支持美国高等教育事业的发展，给予充分的资金等支持，促使美国高等教育跨越式发展。

1. 高度重视对民族地区高等教育财政拨款机制的制度建设和法制建设

20 世纪 70 年代末，美国各民族地区已完全建立了一整套高等教育立法体系，由此美国的高等教育财政拨款进入了新的时期，不仅重视财政拨款数量，又重视教育质量，还坚决执行国家发展战略的新时期。美国高等教育的经费主要依靠联邦、州和地方三级政府拨款。州政府是高等教育财权和事权的主要管理单位。"教育部仅仅是美国联邦政府的职能部门，不管理财务，只提供宏观指导、咨询服务和经费资助。美国州政府管理州高等教育，拥有州高等教育的立法权，并且提供州公立高校教育经费，独立于联邦政府。州政府专门设立了'管理'和'协调'委员会负责对高校的财政拨款。"[①]

2. 美国教育财政投入管理机制最鲜明的特点是多元化

美国教育财政投入管理机制较多元化，政府担负部分教育经费，其他教育经费由学生家长、社会人士、社会基金等共同负担。成本分担和成本补偿是多元化形成的基础。多渠道筹集经费被美

---

① 陈学飞:《美国高等教育发展史》,四川大学出版社,2009 年,第 24 页。

国各高校证明的一条行之有效的途径，便于扩大高校规模，促进教育公平，增强高校内部效益和资源的利用率，可长期坚持。

（1）联邦政府下拨经费。以学院举例，有四种资金来源：一是联邦政府下拨资金；二是联邦政府其他部门下拨资金；三是部分学院可以获取成人教育所的环境管理基金、单项基金或专用办学资金；四是1999年联邦政府批准了专款资助经费，持续援助30所部落学院。

（2）州政府资助。"各州政府主要资助黑人高等院校。比如黑人赠地学院，20世纪80年代，《毛瑞尔法案》通过后，佛吉尼亚、密西西比和南卡罗来纳州均建立了黑人赠地学院。据美国学者统计，20世纪90年代各州政府共资助成立了17所黑人赠地学院。"①

（3）基金会资助。主要针对少数民族高等教育资助的美国基金会有：约翰·F·斯莱特基金会、洛克菲勒普通教育委员会。早在1882—1891年间，斯莱特基金会曾资助了23所黑人高等院校。截至目前，斯莱特基金会资助有色人种院校，提高民族高校教学质量并且教师工资已达200万美元。在20世纪初洛克菲勒普通教育委员会重点资助的有阿拉巴马州农业与机械学院。

（4）奖学金。从1972年开始，美国设立联邦政府佩尔奖学金（PellGreants），数额高达50亿美元/年，经济困难的少数民族大学生可以申请该奖学金。资助民族高校的基金会也开设了资助黑人民族大学的奖学金，比如在1930—1931年间朱利叶斯·罗森沃德基金会发放研究奖学金22万美元。"②

---

①姜峰、万明钢：《发达国家促进民族教育均衡发展的政策研究》，民族出版社，2011年，第66页。
②岑建君：《近距离观察美国教育》，上海外语教育出版社，2009年，第19页。

（二）美国各级政府实施的高等教育财政管理政策

美国高等教育政策已经形成了独具特色的体系，联邦政府、州政府和高校各施所能，积极配合，联邦政府作为最大的经济与法律支柱，充当着向导的角色。州政府与高校紧紧跟随联邦政府，分工明确，合作紧密，在遇到困难的时候互相依靠、互相帮助。

1. 联邦政府实施的高等教育财政政策

1958 年颁布国防教育法之后，美国针对高等教育推行了一连串的财政资助政策。目前，美国资助高等教育的经费主要来源于四个渠道：联邦政府、州政府、慈善团体和私人。其中联邦政府占比 55%以上。美国大学委员会曾经做过关于联邦政府资助高等教育的一项调查，结果显示，整个高等教育资助活动中，联邦财政资助比重从 1963—1964 学年的 20.4%飙升至 1985—1986 学年的 70.7%，联邦财政资助是高等教育资助活动的主体。资助方式分为奖学金和助学金、贷学金及半工半读计划三种。[1]

（1）奖学金和助学金

奖学金、助学金属于赠予性质，无需学生偿还。两者的区别是：助学金是给予经济资助，创立于 1972 年的佩尔助学金将所有有经济需要的本科生均列为资助对象，一开始规定最大资助额 1400 美元 / 年，到 2002—2003 学年又增加到 4000 美元 / 年。目前美国最大的助学金项目仍然是佩尔助学金。"补充教育机会助学金作为佩尔助学金的补充，其资助数额在 100 ~ 4000 美元之间。2006—2007 学年，美国为佩尔助学金又建立了两个补充助学金项目，学术竞争助学金和全国 SMART 助学金。而奖学金是用于资助

---

①乔玉全：《21 世纪美国高等教育》，高等教育出版社，2000 年，第 92 页。

成绩优异，或者某些方面有特殊天分及才能的学生。"①

（2）贷学金

贷学金是一种需要受助者延期偿还性的资助。政府或商业银行给学生发放贷款以支付低收入和少数民族学生生活和学习的费用，要求按期偿还。联邦政府最重要的资助方式是贷学金，包括帕金斯贷学金、斯坦福贷学金和本科生家长贷款三个借贷项目。依据政府不同的补贴额度，贷学金分贴息和非贴息两种。贴息贷学金是指学生在校就读期间和还贷期间都享有政府提供的全额利息补贴，而非贴息贷学金的学生则不享有政府的任何利息补贴。帕金斯贷学金给予本科生年贷额上限 4000 美元，本科毕业不高于4 万美元；研究生年贷额上限 6000 美元，就读期间不高于 4 万美元。斯坦福贷学金和本科生贷款计划均为非贴息贷款，斯坦福贷学金借贷额上限为研究生 6.55 万美元，本科生 2.3 万美元，本科生贷款计划没有限定贷款额度。

（3）半工半读计划

联邦政府与高校和私人雇主合作，提供给家庭贫困和少数民族的本科生、研究生在校内工作或校外社区服务的机会，进行半工半读，学生不但可以积累社会实践经验，还获得了用于支付生活和学习费用的报酬。"2004—2005 学年，有 80 万名学生参加半工半读计划。灵活地与社区服务结合是半工半读计划的主要优势。学生不但可以在校内工作，还有机会服务于私人疗养院、医院、公园和市政厅。"②

①姚云：《美国高等教育法治研究》，山西教育出版社，2011 年，第 107 页。
②James Guthrie.*Pierce School Finance and Higher Education Policy: Enhancing Higher Educational Efficiency.*Equality and Choice Inglewood Cliffs, Journeyer, Preferential,2009.

总之，联邦政府的经济资助明显增加了少数民族接受高等教育的机会，扩大了保留率和学位完成率。力争快速发展少数民族高等教育的奥巴马政府承诺：2008—2011 年增加一倍佩尔助学金拨款；提高对社区学院、黑人高校和少数民族服务机构的投资力度；简化学生申请资助的程序，使少数民族学生更快捷地申请财政资助。

2. 州政府实施的高等教育财政政策

美国由 50 个州组成，在各州都保留自治权力的前提下，经济发展各有不同，使得这些州不但在执行联邦政府的政策时有自己的特色，而且制定自己的政策时也有自己的特点。近年，州政府高等教育政策的焦点转移到了少数民族，20 世纪 90 年代以来，美国州政府最高议程是关注少数民族高等教育。本书选取了美国人口总数较多、少数民族比例较高、教育政策比较有代表性和典型性的州进行少数民族高等教育政策的研究，例如美国东部的弗吉尼亚州、美国南部的德克萨斯州和密西西比州、美国西部的加利福尼亚州、美国东北部的纽约州。

(1) 财政资助政策

一直以来，各州政府都在以各种形式的财政方式资助高等教育中的少数民族学生。早期成立的一批州立大学，州政府第一次以法令形式明确规定资助贫困少数民族学生获得高等教育的机会。弗吉尼亚州的法律确定了每个州议院成员所在的地区都将获得一位贫困学生免费就读大学的机会，还为他们提供食宿。

1862 年，联邦政府通过的《莫里尔法案》鼓励各州政府以赠地形式快速发展公立高校，家庭贫困的少数民族学生是其主要生源。20 世纪初期，美国建立初级学院，为少数民族学生提供超级低廉的高等教育机会。20 世纪 50 年代后期，联邦政府不断地

资助少数民族学生，许多州建立了多种直接资助少数民族学生的项目①。

截至目前，各个州政府高等教育经费主要投向公立大学日常经费和基础建设。州政府提供给高等教育的经费与联邦政府相比份额不高。尽管如此，州政府对州内少数民族仍给予较大的经济资助。比如密歇根州把"业余、独立学生助学金"方案添加到助学金资助项目中，依据社会福利法案将不同额度的助学金提供给业余成人学生；建立"中学后预科学生奖学金"项目，将奖金提供给获得了联邦政府佩尔助学金后仍需要经济资助的攻读副学位学历学生；密歇根州还设立了州学费预付方案。"美国大学学费逐年攀升，于是学费预付方案便应运而生。学费预付方案是指没有能力支付学费的家庭可以得到预付学费或者储蓄投资。经过不断积累，当学生考入国内任何一所高校时，可以用这个账户的资金支付学费。与联邦政府相比，州政府对少数民族高等教育的财政资助只起辅助作用，但各州始终努力科学合理地使用有限的经费，以保证财政资助惠及最广大的高等教育少数民族学生。"②

（2）高校实施的高等教育财政政策

每个学校都寻求创新，绝不模仿。在研究高校政策时，可以发现每所学校鲜明的政策特点，但都为少数民族学生制定了政策是其共同点。在相当长的时期中，很多少数民族学生只能在两年制的学院学习，很少进入四年制大学，即便进入也只有一些公立的非名牌大学接纳他们，名牌大学歧视和摒弃了他们；但随着少

---

① 何军、李虹：《美国高等教育收费问题的思考》，《高等教育研究》，2010 年第 1 期。
② 乔玉全：《美国高等教育》，高等教育出版社，2010 年，第 78 页。

数民族高等教育政策的不断调整，越来越多的少数民族学生进入名牌大学。不断增多的少数民族学生为名校增添了新的色彩，同时也迎来新的挑战，这些名校不断改革和创新，制定少数民族政策。

本书选取美国排名靠前的一些名牌大学，研究他们在入学、师资建设、课程设置、学生事务管理等领域的政策如何为少数民族学生创造良好的学习氛围和提高生活质量。美国大学的一个显著特点就是高度自治，这也给高校带来了一定挑战。联邦政府的纲领性政策与州政府的调节性政策，使得美国高校的少数民族政策更加具体繁杂，每所高校的发展状况以及面临的难题不尽相同，在政府的帮助和指引下，把政策落实到内部事务中，还要以最有效的途径广泛地惠及少数民族学生，尽己所能地帮助少数民族学生，减少人才流失，并表现出高校接纳他们的高涨热情和诚意。这些政策不但加快了美国高校民主化的进程，还帮助高校更好地融入到未来多元化与国际化的发展趋势中。

（三）美国高等教育财政管理机制对我国的经验和启示

中美两国的国家性质、历史文化、发展程度不同，使得两国对高等教育性质的认识程度、财政投入方式、管理体制等方面有较多不同之处。但根据高等教育财政投入理论和实践的发展进程，我们也可从美国高等教育财政投入管理机制中发现和借鉴一些先进经验和优良做法，对我国的民族高等教育财政管理体制借鉴大有裨益。

1. 加强法制建设，保障高等教育的各种权利

美国联邦政府立法机构主要通过各项法律、法案保障少数民族高等教育，其颁布的有关少数民族高等教育的法律和法案之多

是其他国家无法比拟的。从 1958 年到 1970 年间，国会通过的立法就有 40 多部。这些法律涉及少数民族教育经济资助政策、平等权、入学优惠、少数民族教师、多元文化政策及课程设置等。如美国为印第安保留地的印第安裔高等教育制定了一系列保护印第安人自治权力和扶持法案。联邦政府和州政府通过政府拨款建立对少数民族的资助政策，高校则通过各种渠道筹集资金为少数民族学生提供经济资助。财政资助为所有的政策执行提供了最基本的物质保障，同时对资助对象进行跟踪调查，再通过反馈系统评价出政策执行的效度。

2. 美国各层机构完美配合，共同推进高等教育的发展

美国作为世界上发达国家之一，其教育、科技、经济、军事等方面均处于世界领先地位，但同时也是全球最大的财政赤字和贸易逆差国。因此，"美国又是世界上最大的负债国。虽然美国承受着'经济政治断崖'的困扰，但其政府仍然从国家长期利益的战略角度着眼，面对世界局势风起云涌的革新时代，不断推动技术创新，强化国家综合实力以加大与竞争对手国家的差距。联邦政府、州政府和当地政府为确保高等教育财政投入的创新增长做出了极大的努力。大学自身市场融资能力强，在各级政府投入相对不足的情况下，依然通过提高校友捐款、学校经营、学费等增加财政收入，保证了高等教育正常的经费支出和办学要求。"[1]

---

①曲绍卫：《后金融危机时代中美大学教育财政比较研究》，《北京科技大学学报》，2005年第 4 期。

3．政府持续加大对高校财政投入，提高国家人才竞争力

美国联邦政府、州和本地政府对高等教育投资均呈现不断增加的态势。2011—2015 财年，政府成为高等教育投资的主体，投资比例明显高于杂费和学费的总比例；而 2012 年开始政府大学投资所占比例明显低于学费收入，即大学学费增长，可见大学生的高等教育成本在逐步提高。除了积极争取政府的投资之外，无论是私立大学还是公立大学的学费都开始快速增长，成为大学的另一个重要的教育投资来源渠道。

表 1　美国高等教育 2011—2015 财年投资总量

（单位：亿美元、%）

年份	总收入	学杂费	政府拨款、资助和合同			市场融资	比　例		
			合计	联邦政府	当地政府		学杂费	政府投资	市场融资
2011	5592.7	1454.4	1501.2	576.7	924.5	2637.1	26.0	26.8	47.2
2012	5061.0	1524.4	1447.3	566.8	880.5	2089.3	30.1	28.6	41.3
2013	5548.0	1561.7	1438.5	549.9	888.6	2547.8	28.1	25.9	45.9
2014	5900.7	1637.2	1527.4	632.1	895.3	2736.1	27.7	25.9	46.4
2015	6292.1	1721.8	1632.8	689.3	943.5	2937.5	27.3	26.1	46.7

就中国而言，2011 年—2015 年，政府是普通高等教育投资的绝对主体，普通高等教育财政性教育经费占总收入比例逐年升高，由 2011 年的 58.5%发展至 2015 年的 65.1%。[①]这表明近十年来，中国政府在普通高等教育的投入中实际努力程度总体呈现上升趋势。

---

①曲绍卫：《后金融危机时代中美大学教育财政比较研究》，《北京科技大学学报》，2005年第 4 期。

表2 我国2011—2015年普通高等教育收入情况表

（单位：亿美元、%）

年份	普通高等教育总投资	国家财政性投入		教育事业费		其他	占总收入比例	
		总额	预算内教育经费	总额	学杂费		国家财政性投入	学杂费
2011	6880.2	4023.5	3763.3	2400.7	1812.1	456	58.5	26.3
2012	7256.3	4213.5	3936.1	2534.8	1932.1	508	58.1	26.6
2013	7975.8	4796.9	4419.4	2687.2	2000.0	491.7	60.1	25.1
2014	8106.2	5214.8	4815.9	2891.4	2158.3	0	64.3	26.6
2015	8952.9	5825.5	5479.2	3127.4	2479.4	0	65.1	27.7

数据来源：教育部教育经费监管中心提供。

从政府经费投入的变化情况不难看出，美国联邦政府对高等教育的扶持力度易受经济增长影响。2011—2015财年，政府是普通高等教育投资的主导者，投资比例高于学费和杂费比例；而从2012年开始大学学费增长明显，学费收入占比高于政府大学投资，即2011—2015财年，学杂费收入已成为美国公立大学经费的最主要来源，高出政府拨款、政府资助以及合同的比重。尤其是近两年来美国受自身经济萎靡影响，学杂费已经占到公立大学经费总量的五分之一，大学生的高等教育成本逐年提高。近年来，我国政府对高等教育财政投入高度重视，大力推进惠民政策和教育公平，特别是近年来随着大学生资助政策的力度加大，使得我国高等院校的办学条件和教育环境得到了较大改善。但我国高等教育财政问题集中表现在：一是高校对政府财政依存度过大，长期发展必将导致政府财政压力过大，特别是在经济持续下滑情况下将带来更大的问题；二是高等教育市场融资能力偏低，缺失良好的融资渠道和支持高等教育发展的社会环境，势必导致高等教育财政抗风险能力低下；三是高校对政府财政的依赖将造成委托代理过程中的惰性，降低大学组织应有的内在活力和发展动力。

4. 坚持以国家公共财政支出为主体，多元化融资为补充的高等教育经费融资模式

我国的高等教育发展起点低、起步晚、基础差，从硬件到软件需要改进和加强的空缺较大，仅仅依靠国家公共财政发展高等教育是完全不够的。因此，我们要解放思想、开拓视野，不断拓展多元化的高等教育经费筹措方式。高等教育经费的广泛筹措是高等教育财政投入行之有效的途径，而且有利于调动全社会成员的积极性，群策群力，集思广益，共同关注我国高等教育的发展。着眼于高校、家庭、个人这几个层面，高等教育经费的筹措方向有校企合作，创办校办企业为政府等社会组织提供公共服务，发展高校有偿服务，鼓励私人、企业和社会团体大力捐赠，利用信贷资金进行市场融资，扩大家庭资助范围，以及通过招收海外留学生获得教育收入，争取国际教育资助等直接和间接的融资方式。

第一章 民族自治地方高等教育发展 研究的理论基础

第一节 民族自治地方高等教育财政 管理机制的概念界定

一、民族自治地方

民族自治地方是实行民族区域自治的拥有自治权利和地位的行政单位，主要有四种形式：以一个少数民族聚居区为主建立的自治地方；以一个人口较多的少数民族聚居区为主，一个或几个人口较少的少数民族建立的自治地方；以两个或两个以上少数民族聚居区为基础建立的自治地方；在汉族人口占多数但以汉族以外的少数民族聚居区为主建立的自治地方。民族自治地方在很大程度上表明了该地区某民族的人口聚集状况和分布状况。少数民族人口密集度达到建立少数人口自治区、自治州、自治县的地方，才可以被视为民族自治地方。在市以下设立的民族区和在县以下设立的民族乡均不能视为民族自治地方。民族自治地方可制定自治条例和单行条例，并依照法律和行政法规的规定做出变通规定。

民族自治地方的自治权有民族立法权、变通执行权、财政经

济自主权、文化和语言文字自主权、组织公安部队自主权、少数
民族干部任用优先权。财政经济自主权指，"民族自治地方机关在
较大程度上拥有财政经济自主权，享受国家的照顾和优待。依照
国家规定筹集民族自治地方财政收入，应由民族自治地方机关自
主规划使用。国务院按照优待民族自治地方的原则规划民族自治
地方财政收入和财政支出项目。民族自治地方的财政预算，应当
设立一定的机动资金，机动资金的预备费所占总预算比例应当高
于其他非少数民族自治地区"[1]。

二、教育财政

教育财政也分为广义和狭义。从广义上讲，教育财政是政府
投入到教育中的资金；从狭义上讲，教育财政是政府处理教育经
费的来源和使用情况的问题。教育财政还被称作"教育资源"
"教育投资"。教育经济是根据教育事业发展的要求，一个国家或
地区投入到教育领域的人、财、物的总和，也是支持国家基础性、
战略性发展的长期投资，还是发展教育事业的重要物质基础和保
障公共财政的重点。教育投入的来源拥有政府、社会、家庭和个
人的多元性。

教育财政是国家财政在教育领域分配过程中的重要组成部分，
是指各级教育财政政府部门为向大众提供具有公共属性的教育服
务而运用、筹措和管理的教育经费，切实保障整个教育系统的正
常运行和顺利发展，以实现教育公平、合理配置教育资源所进行
的一整套教育管理活动。具体来讲，教育财政就是运用公共财政
学的基本理论和分配原理，来研究在国家整体协调发展的前提下，

---

[1]马戎:《民族与社会发展》,民族出版社,2001年,第36页。

如何通过科学合理的资源配置，实现各种教育资源的有效筹措和分配使用。可以说，"教育财政在整个教育发展的各个环节中发挥着关键性的支柱和保障作用。教育财政事关整个教育经费的全面分配和合理使用，实现教育资金的最大化，是公共财政中一个专门性领域，其宗旨是为扶持和发展国家的整体公益教育事业，无偿为教育事业划拨财政资源的一种国民收入再分配形式"①。

三、教育财政自治

教育财政自治是指"我国民族自治地方的自治机关在依法代表实行区域自治的民族，行使管理本民族内部事务和地方事务中，在财政自治的前提下，体现教育自治的一种民族自治权利。在我们与欧洲的一些专家共同研究民族区域自治制度时，也只是从民族区域自治制度的设计理念上，在提到民族自治地方自治权的范围时，才会研究到教育自治权的问题，而且主要针对的是少数民族受教育的权利。但对少数民族受教育权利的保障问题，特别是通过财政自治，加大财政对民族教育的投入比例，逐步实现民族教育的公共财政化的研究甚少。鉴于这种情况，我们在研究民族区域自治地方的财政自治的基础上，根据民族自治地方的财政自治与教育自治两者之间的关系，以民族区域自治和财政学的理论为依据，为综合研究财政自治与教育自治问题而使用了上述有关教育财政自治的概念。其核心是通过行使财政自治权，加大财政对民族教育的投入，实现民族教育的公共财政化"②。

四、高等教育财政

高等教育财政既是分配活动又是分配关系。作为分配活动时

---

①陈立鹏：《中国少数高等教育立法新论》，中央民族大学出版社，2010年，第61页。
②戴小明：《民族自治地方财政自治简论》，《中南民族学院学报》，1998年第3期。

需要将管理作用和职能纳入到考察中，作为分配关系时需要分析它的特点、规律和性质。从广义上讲，高等教育是经中等教育后再发展的专业教育，例如大学、师范学院、文理学院，只要在学完中等教育所要求的课程后，许多机构可以提供诸如专科、本科、硕士教育并颁发学历证明，都可称为高等教育。高等教育财政管理体制是一种高等教育事业发展过程中，由中央政府、地方政府、社会机构、个人等共同参与的分配关系，它代表着部分国家利益向相关高等教育机构下拨经费、管控高等教育经费的支出，以相关经济和法律方式经营和发展高等教育事业。中国的高等教育财政管理体制包括政府财政预算内拨款，还包括政府财政预算外经费支出；而政府财政预算外经费支出包括各级政府征收用于教育的税费，企业办学下拨的教育经费，校办产业、勤工俭学和社会服务收入用于教育的经费。

五、管理机制

管理机制，"是指管理系统的结构及其运行机理，是以客观规律为依据，以组织的结构为基础，由若干子机制有机组合而成的。管理机制本质上是管理系统的内在联系、功能及运行原理，是决定管理功效的核心问题。具有五种特征：第一，内在性。即管理机制是管理系统的内在结构与机理，其形成与作用是完全由自身决定的，是一种内运动过程。第二，系统性。即管理机制是一个完整的有机系统，具有保证其功能实现的结构与作用系统。第三，客观性。即任何组织，只要客观存在，其内部结构、功能既定，必然要产生与之相应的管理机制。这种机制的类型与功能是一种客观存在，是不以任何人的意志为转移的。第四，自动性。即管理机制一经形成，就会按一定的规律、秩序，自发地、能动地诱

导和决定企业的行为。第五，可调性。即管理机制是由组织的基本结构决定的，只要改变组织的基本构成方式或结构，就会相应改变管理机制的类型和作用效果"①。

六、民族高等教育

目前学术界对民族高等教育概念的研究有不同的结论，笔者选择其中的主要观点分述如下：

哈经雄认为："我国的民族高等教育，是指对除了汉族以外的55个少数民族所实施的高等教育，也就是建立在中等教育基础之上的以少数民族和民族地区学生为教育对象的各种专业教育。"②这个定义是按照受教育对象的民族成分归属来界定的，是早期相对狭义的概念，未包括旨在培养服务少数民族地区的汉族群体，及钻研少数民族文化的非少数民族群体等。如当前我国"少数民族高层次骨干人才计划"的实施对象就不局限于汉族以外的55个少数民族，也包括了服务于民族院校的汉族教师和管理人员。可见，随着少数民族高等教育的发展，对少数民族高等教育的认识也需要全新的诠释。

学者王军则将我国现阶段的少数民族高等教育定义为"指以少数民族为主要对象，以少数民族文化为重要特征，以促进少数民族地区经济、文化和社会发展为主要目的的跨文化的高等专门教育。"③这个界定扩充了民族高等教育的实施对象，是对民族高等教育概念的完善，但是在这个定义中强调了教育内容是以少数

---

① 唐红：《高等教育财政管理体制改革的政策导向》，《中国高等教育研究》，2009年第6期。
② 哈经雄：《中国少数民族高等教育学》，广西民族出版社，1991年第1期。
③ 王军：《文化传承与教育选择》，民族出版社，2002年，第104页。

民族文化为重要特征，有混淆"民族高等教育"与"民族文化教育"区别之嫌。事实上当前少数民族高层次教育侧重于"教育、科技、医学和特色文化艺术、信息技术以及经济、能源、公共事业管理等领域"[1]，而其中如数学、计算机、科技等专业是基础性学科教育，并不具有跨文化特征。

中国民族学学会副会长、甘肃省宗教协会会长马麒麟在其《中国民族高等教育的改革与发展》一书中指出："民族高等教育，应该是指从少数民族历史文化传统、经济建设和社会发展差异性出发，为贯彻落实国家的教育方针和民族政策，而建立的一种具有鲜明的民族特色的高等教育形式。"[2]该定义基于民族高等教育的任务及目的，强调了民族高等教育与普通高等教育的差异性，但对民族高等教育的对象和内容却缺乏描述。

结合我国少数民族高等教育发展现状及前人的研究成果，笔者认为现阶段我国民族高等教育至少应该包含以下几个要素。

第一，教育的对象主要是少数民族和来自民族地区的学生。

第二，教育的内容是涵盖少数民族传统科技与文化专业教育，及其他常规专业教育的中等教育以上的专业教育，内容的设计一方面要适应现代主流社会，以求得受教育个人更好的生存与发展，另一方面还要继承和发扬民族的优秀传统文化遗产。

第三，教育的目的是为少数民族地区发展服务培养各类高级专门人才，最终目的是促进少数民族地区社会各项事业的不断进步和发展。

---

① 《2009年少数民族高层次骨干人才计划招生管理办法》，民族骨干网，www.yz.chsi.com.cn.。
② 马麒麟：《中国民族高等教育的改革与发展》，教育科学出版社，2000年。

第四，民族高等教育是高等教育中的一部分，具有民族工作和教育工作的双重属性；又由于少数民族社会、经济发展的不平衡性和历史文化传统的差异性，决定了其发展需基于上述差异性，因此鲜明的民族特色赋予了它不能被一般高等教育所取代的特殊意义。

七、民族高等教育财政投入

教育投入也称教育资源、教育投资、教育经济条件，是指一个国家或地区，根据教育事业发展的要求，投入教育领域中的人力、物力和财力的总和，是支撑国家长远发展的基础性、战略性投资，是发展教育事业的重要物质基础，是公共财政保障的重点。教育投入来源具有多元性，包括政府、社会、家庭和个人。《中华人民共和国高等教育法》明确规定："国家建立以财政拨款为主、其他多种渠道筹措高等教育经费为辅的体制。"《国家中长期教育改革和发展规划纲要（2010—2020)》（以下简称《教育规划纲要》）也指出"要健全以政府投入为主、多渠道筹集教育经费的体制，大幅度增加教育投入"。

在学术界，民族高等教育投入并无统一的界定，常常与"民族教育投资""民族教育经费"等词汇等同使用。笔者认为可以从动态和静态两方面加以理解。民族高等教育投入在动态方面表现为支持民族高等教育发展的经济活动，从静态方面则表现为支持民族高等教育发展的人、财、物的总和。我国民族高等教育投入主要依靠政府。《教育规划纲要》在工作方针中也明确了"教育公平的主要责任在政府"。《国务院关于进一步加大财政教育投入的意见》（国发〔2011〕22号）指出："新形势下继续增加财政教育投入，实现4%目标，是深入贯彻党的十七大和十七届五中全会精神，推动科学发展、建设人力资源强国的迫切需要；是全面落实《教育规划纲要》，推动教育优先发展的重要保障；是履行公共财政职能，加快财税体制改革，完善基本公共服务体系的一项紧迫任务。"基于上述因素，本项研究将民族高等教育投入问题研究定位于财政投入（需要说明的是广义的高等教育财政涵盖了学费，而本项研究运用的是狭义的范围，仅指政府投入的部分）。然而投入形式不仅限于资金，还包括依靠政府调度的"人""物"等其他教育资源。也就是说本项研究中的投入主体是单一的，即各级政府，而投入形式是多样的，即涵盖了人、财、物，因此本项研究中的"财政投入"包含"财政拨款"，但不等同于"财政拨款"。

第二节　民族自治地方高等教育研究的理论依据

一、学理依据

（一）社会学的结构功能主义理论

结构功能主义理论认为"社会是具有一定结构或组织化手段的系统，社会的各组成部分以有序的方式相互关联，并对社会整体发挥着必要的功能；整体是以平衡的状态存在着，任何部分的变化都会趋于新的平衡。奥古斯特·孔德和赫伯特·斯宾塞提出了功能主义的最基本原则:社会与生物有机体在许多方面是相似的。这一观念中包含了三个要点：第一，社会与生物有机体一样都具有结构。第二，与生物有机体一样，一个社会要想得以延续就必须满足自身的基本需要。第三，与构成生物有机体的各个部分相似，社会系统中的各个部分也需要协调地发挥作用以维持社会的良性运行。斯宾塞和他的追随者们都坚持任何系统都会自然地趋向均衡或稳定的观点，同时，社会中的各部分对社会的稳定都发

挥了一定的功能。因此，从功能主义的视角看，社会是由在功能上满足整体需要从而维持社会稳定的各部分所构成的一个复杂的系统。罗伯特·默顿(1968)将帕森斯的功能主义理论进行了改进，使其更有利于经验研究。他们认为社会结构中的一个单位只要存在，就一定对维护整体发挥功能。然而默顿指出社会系统中并非所有组成部分都发挥着正功能，当社会结构中的某一单位阻止了整个社会或其组成部分的需求满足时，它则是反功能的。总之，功能主义者把社会看作一个有机的整体，认为构成整体的各部分都发挥一定的功能并相互依存，以维持统一整体的存在"。①

民族区域自治地方财政自治权就是国家在财政收支划分和管理权限上给予民族区域自治地方特殊的照顾，使民族区域自治地方拥有比一般地方更多的自主权。这样民族区域自治地方财政自治权反映了两种关系：一是民族区域自治地方与国家中央财政的关系，二是民族区域自治地方内部的关系。为了民族的平等和民族自治地方的发展，国家通过宪法和法律等其他的规范性文件赋予民族区域自治地方特殊的权利，这种权利是法律赋予的一种资格，这种资格给民族自治地方的民族以利益。这说明权利的含义有两层：一层是法律赋予的一种资格，如果没有法律的保障或允许，权利将不复存在。另一层是权利以一定的利益为内容，民族自治地方的民族的行为主要指向一定的利益，否则，这种权利就毫无价值。②而民族区域自治地方的权利就是国家的义务。同时由于民族自治地方享有了特殊的权利。它在本地区通过民族自治机

---

①H.Warren Button.*History of Higher Education and Culture in America*.Hall Dogwood Cliffs，New Jersey，2009。

②贾康：《积极财政问题研究》，经济科学出版社，2004年，第87页。

关也有了相应的权力。这里的权力是指为法律所确认的使他人服从权力拥有者意志的强力。这个定义说明权力的含义也有两层：一层是权力是一种强制的支配力量，不管其被运用与否，它都客观存在；另一层是这种强力是为法律所确认的，是合法的。有了这些特殊的权力，它能根据本地区特殊的历史、经济、民族等情况，自主地安排本地区财政，发展本地区的经济。因此，民族自治地方财政自治权是权利与权力的统一，同一个问题或同一个事物，只是从不同的角度而言，它们既有联系又有区别。首先，两者是统一的。民族区域自治地方的民族所拥有财政权利的法律表现是财政权利，赋予了民族区域自治地方的民族一种获取一定利益的资格；民族区域自治地方所拥有财政权力的法律表现是财政权力，赋予了民族区域自治地方自治机关在财政方面一种使他人服从的强力，但两者都来源于民族区域自治制度，统一于整个国家的利益。这种利益要求的统一从一个角度反映了两者的联系，这是一方面。另一方面从法律的制定而言，在民族区域自治地方的机关权力是自治地方的各民族人民通过其代表，经全国人民代表大会批准赋予民族区域自治地方代表各民族人民行使权力，这从另一个角度反映了两者是统一的联系。其次，两者是互补的。前者的社会功能主要指向得到利益的自由，要求发展社会经济、文化教育等；后者的社会功能主要指向秩序，但两者功能发挥的结果都是促进民族进步、社会发展，这种功能的互补从另一个角度反映了两者的联系。最后，两者是相互转化的。正是因为有了民族区域自治地方的民族享受民族财政自治的权利，才让其权利转化为民族区域自治地方的权力。权力也可以转化为权利，如权力可以设立权利，可以创设新权利，即自治机关可以制定单行条

例规定民族自治地方的权利。

(二) 社会建设理论

社会建设就是从所处的社会发展实际出发，顺应社会发展的趋势，遵从社会发展规律，有计划、有目的、有组织地发动社会所有力量，在社会领域中从事的每项建设。梁树发教授表示，从来源上讲，社会建设指的是如何建设社会主义的问题，"他并不是简单地指由经济、政治和文化组成的社会生活构成的所有方面，还有着详细的确定性内容。社会建设指社会价值的整合、社会体制的建设、社会组织的建设和社会事业的发展等"①。社会建设的内容，主要包括一个社会环境中，其政治、经济、文化和社会建设。社会建设，指的是主体社会的建设。社会的主体是人，人的建设就是社会建设的中心。社会建设是一个不同层次共存的系统化工程，由宏观社会建设、中观社会建设与微观社会建设所组成。与自然界融为一体的人类社会建设称之为宏观社会建设，是最宽泛的社会建设理念；人们的经济、政治、文化及社会生活关系和行为组成的社会总系统建设称之为中观社会建设，也就是人们经常提到的"大社会"建设；除去经济、政治、思想文化之外的社会子系统建设称之为微观社会建设，也就是人们经常提到的"小社会"建设。社会建设是在经济发展过程中，为满足城乡居民生活和发展的社会公共事业的建立、创新和发展。社会建设具有以下特征：人本性、公共性和公益性、结构性和整体性。

(三) 高等教育的相关理论

1. 高等教育的成本收益理论

高等教育投资收益也称为高教收益，"是高等教育通过培养

①施正一:《民族地区社会建设研究》,中央民族大学出版社,2009年,第106页。

和提高劳动者的知识和技能给社会、个人及其家庭带来的收益，包括经济收益和非经济收益。高等教育投资的收益，按其收益对象的不同划分为社会收益和个人收益，按其是否能以货币形式表示划分为直接收益和间接收益。社会收益是指受教育者本人不能占有的，从而为社会成员所得的收益。社会收益基本上有如下两种类型：一是与教育收益相联系的税的支付，即从一个人终身收入流量中支付的所得税。二是外部收益，即那些归因于教育投资而非本人获得的收益。通常可以将这些收益者划分为三类：第一是与地域相关的收益者。年幼的孩子可以在接受教育的同时受到良好的照顾，间接地增加家庭成员的劳动收入。那些受过良好教育的受教育者的后代，将生活在一个有助于他们健康成长的家庭环境中，得到更多的关心、指导以及非正式的学前教育。受教育者的邻居也会从中受益（通过受教育者的表率作用，向社区内的孩子提供更高的价值观念和社会行为标准）。此外，受过较高教育的人更加能适应经济环境的变化，从而在减少失业的同时降低劳动者对社会失业保障的依赖和消除社会不安定的因素。这也将减少公众用于社会福利、执法机构和公共安全方面的开支。第二是与职业相关的收益者。劳动者的教育投资可能对其他人的生产率产生正面的影响。而当劳动力市场存在不完全（即工资可能偏离边际收益产品）时，企业主就会从劳动者因受教育而提高的劳动生产率中受益。第三就是全社会共同收益。由于外部性很难量化，在高等教育的投资决策中，外部收益往往被忽略"[1]。

高等教育成本概念分为广义和狭义两种。狭义的高等教育成

---

①朱宏：《高等教育投资收益:内部收益率的衡量》，《复旦教育》，2002 年第 3 期。

本指社会与学生的直接成本。社会直接成本是为了培养学生，政府所投入的资源以及社会团体及个人给予高等教育的捐款。学生直接成本是为了接受高等教育，学生和家庭支付的费用。广义的高等教育成本概念不但包含社会和学生的直接成本，还包含社会和学生的间接成本。高等教育的社会间接成本是相比投资到其他部门而投入到高等教育机构资源所产生的最大收益。"高等教育的学生间接成本分为两部分：一是相比使用在其他方面，为受教育者所支付的全部费用所产生的最大化收益；二是由于接受高等教育所放弃的全部收入。世界上高等教育财政基本模式是国家控制模式。高等教育财政的国家控制模式是指国家承担大部分高等教育经费，并控制整个高等教育的管理与运行。各国高等教育快速发展，国家控制模式已不能满足高等教育经费的需求。因此，越来越多的国家开始采用高等教育财政的多元化模式。在高等教育财政的多元化模式下，政府拨款、学生成本分担与补偿多方面筹措资金成为了高等教育经费投入的主要来源渠道。"①

2. 高等教育公平理论

高等教育公平包括高等教育的入学机会均等、高等教育的过程机会均等和高等教育学业成功机会均等三方面。其中高等教育入学机会均等是指每一位合法公民，无论贫富贵贱都有平等的享受入学接受高等教育的机会；高等教育过程的机会均等是指每一位学生在高等院校接受高等教育过程中，都有平等享有接受其所选择的高等教育机会。"高等教育学业成功机会均等是指每一位接受高等教育的学生都有成功完成学业的机会，并给予其应有的社会待

---

①刘旭东：《高等教育资源配置中政府与市场的角色适位》，《教育理论与实践》，2011年第12期。

遇。机会平等、参与平等和结果平等反映出了不同的价值观，也反映了教育平等的不同阶段，杨东平是这一理论的代表人物。"[①]

高等教育公平的相对性体现在相对的高等教育公平判别或评估准则。权衡某种高等教育是不是公平，没有绝对的、能够应用在判别所有时代所有社会的准则。无论何时大众对公平的判别和评估皆由所处的社会条件决定，因而都是相对的。高等教育公平只有相对于单独界定的高等教育评估准则来说才具有意义，然而偏离了单独界定的评估准则，高等教育公平的存在就没有任何意义，这就是高等教育公平的相对性。"一面是纵向体现，现阶段与以前相比是不是更加公平；一面是横向体现，高等教育公平是不是提高了相对的大多数群体对高等教育的需求。高等教育公平所体现的相对性，不仅体现在观念的相对上，还体现在相同时期、相同国家的高等教育实践的相对上。实践中，不存在绝对的高等教育公平。虽然高等教育公平包含的内容不会因为人的主观意志变化，是客观存在的，但它具备主观性的特点，属于主观价值判断的范围。恩格斯曾经说过，"长久的、公平的观念不但随不同时间、地点而改变，还会随不同的人而变化，每个人有每个人的理解"。[②]

实质公平是教育领域的终极价值目标，有学者提出了"合理差别"和"差别而公平"的命题，是我国教育公平研究踏上新轨道的标志。[③]但差别的度、差别的合理性该如何界定和把握却是一个难题。

教育财政公平绝不是"平均主义"。就教育财政资源来说，在资源稀缺的前提下，要实现实质公平，关键在于投入供给须与投

---

① 吴仕民：《中国高等教育》，长城出版社，2012年，第62页。
② 翁文艳：《教育公平与学校选择制度》，北京师范大学出版社，2003年，第24~25页。
③ 《寻求教育热点问题的深度表达》，中国教育新闻网，www.jyb.cn。

入对象的教育需求及公平预期相匹配。美国心理学家亚伯拉罕·马斯洛提出了著名的基本需求层次理论，其基本思想是人类的需求是分层次的，某层需要获得满足后，另一层需要才出现。在多种需要未获满足前，首先满足迫切需要，该需要满足后，后面的需要才显示出其激励作用。依据该理论，我们认为人的教育公平需求也是由低至高分层的。由于地区经济发展水平、教育发展水平的差异决定了地区间教育公平迫切需求层次的差异，因此教育财政投入只有从量上满足迫切需求层次的需求，从结构上精准地投向迫切需求之所需的内容，才能实现公平与效率兼顾的实质公平。例如在我国经济发达城市，高等教育早已实现大众化，因此这些城市的学生对接受高等教育的预期更多地是接受优质教育。教育的不公平主要体现在高校之间的教学设施硬实力及教学科研等软实力的差异。如果在这些地区财政资金再过多地投入到增设高等院校，相较于提高科研实力的投入来说是低效的，人们的教育公平感也未得到提升。相反对于经济欠发达的民族地区，教育发展水平普遍滞后，民族高等教育起步较晚，高校数量十分有限，因此在这些地区的学生其教育公平需求较前述学生的需求层次要低，如果政府不把目光重点投向提供更多的高校入学机会，而采取如发达城市一样的投入政策，即使加大了投入也会令马太效应愈加强化，而导致更大的不公平。

事实上，微观经济学中的边际效用理论也支撑了上述论证。依据边际效用递减和边际效用均衡时总效用最大两个重要规律，可以得出教育财政投入的规律：教育财政不断投入到一个学校的一个项目，投入的总效用尽管会有所增加，但其所产生的边际效用则在逐渐降低。当教育财政投入总量一定时，只有当投入到各个学校的最后一个单位经费所产生的边际效用相等时，投入总效用才能达到最大。可见教育财政投入公平和效率两者并非是完全对立的关系，在很大程度上是存有一致性的。在教育财政资源既定的前提下，实现总体效用最大化关键是找寻投入的最后一个单位经费所产生的边际效用的均衡点，这个点也是在现有教育财政资源既定总量条件下的各个被投入主体的最迫切需求层的满足度，因此教育财政投入效用最大化的实现，也是教育财政实质公平的实践。

当前国内外较为公认的教育财政公平原则包括横向公平、财政中立、纵向公平、能力支付及资源由富裕向贫穷流动五个原则。而伯尔尼和斯蒂弗尔的教育财政公平度量框架中的公平原则仅涉及前三项，且其他公平原则的内涵还有待结合我国的国情加以完善。

第一，横向公平原则。横向公平原则主要指资源分配均等，即为相同条件的学生提供同样的教育资源。事实上，由于我国地域广阔，地区差异、城乡差异及家庭差异等因素的存在，很难找到事实中的相同条件的学生，因此运用该原则时，实际是假定同一地区的学生条件是一致的，因此教育财政应该保证对我国条件相似的不同区域和同一区域内的学校、学生实施资源分配的均等化。

第二，财政中立原则。财政中立原则指每个学生或每个区域所获得的财政分配资源与其所在区域及所处家庭的富裕程度无关。在一些国家该原则已成为法律原则，为达到该原则的目标要求上一级政府及财政部门对贫困区域实行不均等的倾斜拨款政策，以克服不同省市间、城乡间教育经费的差异，保证学生获得均等的教育机会。衡量教育财政中立要确定两个基本统计量：一是人均国内生产总值或人均财政收入，反映地区财政能力；二是生均预

算内教育事业费、生均教育财政拨款等，反映教育经费状况。当前我国民族地区财政能力与全国平均水平还存在较大差距，特别是民族地区的贫困县，其财政收入仅能维持当地的日常运行，能用于支持教育发展的财力十分有限。这种情况下，用于度量这些地区教育财政公平的指标，不能局限于地区人均水平，应该更多关注其与全国平均水平的差异；在差异较大时，须通过中央财政转移支付等有效方式予以调整。

第三，纵向公平原则。纵向公平原则是一种调整特殊需要的原则。纵向公平"通常是指因其背景而处于弱势地位的个体，应该在教育财政体制中得到更多的资源"。[1]然而在框架未说明对弱势群体究竟应该补偿多少、补偿的标准是什么，这也是目前关于教育财政公平问题研究的难题。我国地域辽阔、民族众多，由于各民族经济文化、居住地、语言等方面存在差异，相较而言少数民族教育发展要落后于汉族，因此依据纵向公平原则，对少数民族学生应给予更多的关注和财政拨款。笔者认为，为了能在操作层面实现纵向公平，这就需要在财政拨款中加大对民族教育发展特殊需求的权重，而不能无目的地增加投入绝对量，否则会造成资源浪费，同时导致由逆向歧视所带来的新的不公现象。

第四，能力支付的原则。主要是指教育税费的征收对富裕地区及个人应该多征收，对贫穷地区和个人应少征收。针对非义务教育阶段来说，是在遵循成本分担原则的基础上，对部分学生采取推迟付费的办法。

---

[1]《全面教育改革计划》，http://news.xinhuanet.com/news center/2009-03/11/content_10987284.htm.

第五，资源从富裕流向贫困的原则。这一原则既是教育财政的最高目标，也是实现教育公平最根本的要求。该原则是目前各国学者判断教育资源分配是否公平的最终标准。

教育平等指教育资源配置的相同性、一致性，更多关涉的是事实判断。而教育公平是对教育资源配置合理性的价值判断。公平的本质是合理性，对合理性的评价因人而异，因此，如前文所述，公平观也有很多种。尽管如此，人们对教育公平问题或者教育资源配置的合理性问题会形成一些共识。例如，法律规定人人有平等的受教育权，这是公平、合理的；对于不同天赋和智力水平的人，因材施教是公平的；对于弱势学生，给予补偿教育也是公平的；在教育机会均等的前提下，教育的结果不平等、不均等也是公平的。教育公平涵盖教育平等，但比后者的内涵更丰富、外延更宽泛。

在实践中如何保证教育公平，避免进入误区，学者们以罗尔斯公平的正义为依据，对教育公平的实施原则达成共识。教育公平包含教育资源配置的三种合理性原则，即平等原则、差异原则和补偿原则。教育资源配置的平等原则包括受教育权平等和教育机会平等两个方面，该原则强调教育起点平等和教育过程平等。教育资源配置的差异原则是指根据受教育者个人存在的禀赋、兴趣和能力差异，差异性地配置教育资源，以满足其个性充分发展的需要。教育资源配置的补偿原则关注受教育者的社会经济地位的差距，并对社会经济地位处境不利的受教育者在教育资源配置上予以补偿。①

---

① 褚宏启，杨海燕：《教育公平的原则及其政策含义》，《教育研究》，2008 年第 1 期。

　　罗尔斯把自己的理论称为公平的正义。在《正义论》中，第一章罗尔斯就用了"正义即公平"作为标题。罗尔斯的两个正义原则是基于一个更一般的正义观推导出来的。这个一般的正义观是：所有社会价值，自由与机会、收入与财富以及自尊的基础，都应平等地分配，除非任何价值的不平等分配对每一个人都是有利的。

　　从这个一般的正义观推演出以词典式次序排列的两个正义原则及其优先原则。

　　第一个原则：每个人对与其他人所拥有的最广泛的基本自由体系相容的类似自由体系都应有一种平等的权利。

　　第二个原则：社会的和经济的不平等应这样安排，使它们被合理地期望适合于每一个人的利益，并且依系于地位和职务向所有人开放。[①]

　　上述两个正义原则，第一个可称为平等自由原则，第二个原则的第一个方面可称为差别原则，第二个方面可称为公平机会原则。平等的自由原则主要涉及确定与保障公民的平等自由的方面，公民的基本自由包括政治上的自由以及言论和集会自由，良心的自由和思想的自由，个人的自由和保障个人财产的权利，依法不受任意逮捕和剥夺财产的自由。第二个原则涉及指定与建立社会及经济不平等的方面，大致适用于收入和财富的分配，也适用于权利地位和职务等的分配。其中差别原则是要求所有的社会价值（包括自由和机会、收入和财富、自尊的基础）都要尽可能平等地分配，除非对其中一种价值或所有价值的一种不平等分配合乎每

---

① [美]罗尔斯著：《正义论》，何怀宏等译，中国社会科学出版社，1988年，第79页。

一个人的利益，特别是合乎最不利者的最大利益。而公平机会原则是指上述不平等分配在必须合乎每个人利益的同时，还必须以权利地位和领导性职务向所有人开放为前提。

在这两个正义原则中，罗尔斯根据其社会政策的重要性排列了优先性次序：第一个优先原则（自由的优先性），指第一个原则优先于第二个原则；而在第二个原则中，公平机会原则又优先于差别原则。在这里，第一个优先原则强调了自由只能为了自由的缘故而被限制，无论是为了所有人的还是最不利者的更大的物质利益，都不可侵犯基本自由权的神圣优先性。第二个优先原则表明，机会公平除受自由优先性的限制外，不受机会公平本身之外的原则的限制。这条规则也体现了正义对效率和福利的优先性。它意味着对第一个原则所要求的平等自由制度的违反，不可因较大的社会经济利益而得到辩护或补偿。财富和收入的分配及权力的等级制必须同时符合平等公民的自由和机会自由。第二个优先原则（正义对效率和福利优先性），指在第二个原则包含的两个原则中，机会的公平平等原则优先于差别原则，这两个正义原则暗示着社会基本结构的两大部分，一个是有关公民的政治权利部分，一个是有关社会和经济利益的部分，两个原则就是要处理这两个方面的问题。第一个原则用在确定和保障公民平等自由的政治权利方面，第二个原则用在指定和建立社会及经济利益的分配方面。

在教育公平问题中，正义的第一原则表达有关教育公平的基本精神、基本倾向或形式上的无差别公平原则。亦即人人享有平等的受教育权利。正义的第二原则就表现为实现形式上的无差别，而在事实上对与教育有关的社会体制的要求，即同样情况同等对待，不同情况不同对待的差异性，以便对受教育者施以适合其能

力发展的教育；另一方面，对于受教育者来说，也可以以此原则要求保障权利实现的任何义务一方为其提供自认为适合其发展的差异教育。罗尔斯期望达到一种事实上的平等，而这种平等实际上需要以一种不平等为前提，即对先天不利者和有利者使用并非同等的尺度。也就是说，为了事实上的平等，形式上的平等就要被打破，因为对事实上不同等的个人使用同等的尺度必然会造成差距。为此，罗尔斯又提出了补偿的原则、互惠的观念和博爱原则。①

罗尔斯这三条原则，是目前教育领域内实施公平得到公认的、最具有权威的理论，各国学者都将其作为实施教育公平的依据。

第一，平等原则。教育资源配置的平等原则包括权利平等和机会平等，即受教育权平等和教育机会平等两个方面。受教育权平等是社会公平和正义的内在要求。权利平等不承认凌驾于法律之上的任何特权，一切权利主体，不受性别、身份、出身、地位、职业财产、民族等附加条件的限制，享有相同或者相等的权利。权利平等具有两层含义：一方面，人人享有的基本权利应该完全平等；另一方面，人人平等地享有公共教育资源。②

基本的受教育权利是作为人的最基本人权，是满足人民政治、经济、思想等方面的最低基本需要的权利。受教育权在我国受《宪法》《教育法》的保护，国际上受国际性公约认可并保障，是人发展必要的最低权利。1948 年联合国发布的《世界人权宣言》，第 2 条规定了人权的基本原则，即人人有资格享受本宣言所载的

①石中英：《教育公平的主要内涵与社会意义》，《中国教育学刊》，2008 年第 3 期。
②褚宏启：《教育发展评论》，教育科学出版社，2007 年，第 61~62 页。

一切权利和自由，不分种族、肤色、性别、语言、宗教、政治或其他见解、国籍或社会出身、财产、出生或其他身份等。只有对受教育者的基本教育权利予以切实的保证，才能从起码的底线意义上体现出对个体人对社会的基本贡献和对人的尊严的肯定，才能够从最本质的意义上实现教育发展的基本宗旨，亦即以人为本发展的基本理念，才能够从最实效的意义上为教育的健康发展确立其必要的条件。机会平等是在权利平等的基础上所设立的制度，保证了社会成员有平等的参与机会。

　　它要求社会提供的生存、发展和享受机会对于每一个社会成员都始终均等。机会平等实际上是一种过程的平等。利益的实现是一个不断追求的过程，在这个过程中，社会要毫不偏袒地为所有人提供同样的机会。首先，参与起点要机会均等；其次，在参与的各个阶段，每一个社会成员能力大小不同，利益实现的程度也会有区别，但社会对每一个社会成员的尊重和关怀，提供的帮助应该是同等的。①

　　人人平等地享有公共教育资源，是人人享受同等教育权利在公共政策领域的体现。从性质上说，公共教育资源是指由政府通过财政拨款的方式所支持和提供的教育资源，具有鲜明的公共性、共享性和开放性，不同于私人或个别团体所提供旨在满足个别人或某一团体需求的教育资源；从类型上说，公共教育资源包括由政府所提供的入学机会、生均公共经费、课程资源、师资条件、教学设备、信息技术支持等。这些资源是公共教育事业发展和青少年素质形成的重要社会条件，是公民或儿童教育权利实现所指

―――――――――――――

① 牛先锋：《社会公平的多重内涵及其政策意义》，《理论探讨》，2006 年第 5 期。

向的实际内容。

在各种各样的公共教育资源中，教育机会是最核心也是最重要的教育资源，它意味着一个人接受某种类型和某一阶段教育的可能性。因此，人人平等地享有公共教育资源最直接地体现在人人平等地享有公共教育机会。比较普遍的观点是，教育机会均等包括了入学机会均等、参与教育过程的机会均等、教育结果的机会均等以及教育结果对未来生活前景的影响均等。根据教育的阶段或层次，又可以将教育机会均等划分为学前教育机会均等、初等教育机会均等、中等教育机会均等和高等教育机会均等。从这方面说，教育公平即是不同类型或阶段的教育机会在不同社会人群之间的平等分配，或是采取切实可行的措施缩小业已存在的教育机会差距。[①]

第二，差异原则。教育资源配置的差异原则，是指根据受教育者个人的具体情况区别对待，表现为教育资源配置的差异性，它反映的是不同情况不同对待的原则，即不是平均或平等分配教育资源的份额。在依据平等原则平等分配教育资源时，教育资源相对于受教育者而言是外在的，不涉及受教育者个人的素质本身[②]。

由于受教育者的先天禀赋以及他们的需求不同，即不同主体具有不同需求，因此差异性原则要求尊重学生的选择，尊重学生的兴趣爱好和选择的自由，通过完善教育体系结构，提供多样化的教育资源（不同的教育类型、课程内容、教学方法等）让学生

①石中英：《教育公平的主要内涵与社会意义》，《中国教育学刊》，2008 年第 3 期。
②褚宏启：《教育发展评论》，教育科学出版社，2007 年，第 100 页。

能够选择，以满足学生个性充分发展的需要。在制定教育公共政策时，摒弃提供整齐划一的同质性的教育。提供多样化的教育资源意味着差异和不同，更意味着公平。从终极意义上讲，让每个学生的个性和禀赋得到充分发展是最公平的（也是最有效率的），因为学生的发展应具有多样性和丰富性。对教育多样性的肯定为追求教育公平开辟了广阔的空间。

教育公平的差异性原则正视个体的差异性，放弃对教育同质性的追求，它既主张人人都受教育（体现平等原则），又主张人人都受适切的教育（体现差异原则）。教育资源配置的差异原则要求提供多样性的教育，教育的多样性是教育中差异性的表现和对于差异性的尊重和适应。教育多样性是个人完善发展所必须的。机械划一的，崇尚单一性、统一性和标准化的同质性教育不能适应个人发展的独特性和综合性。为了充分发展人自身多方面的因素和特性，多样化是教育的唯一选择。[①]

总之，按照罗尔斯的观点，差异原则就是在一个社会制度中，要保障没有一个人因为依靠自然资产分配中所处的任意地位或在社会中的初始状态，而得益或者受损，但又不给予补偿利益或得到补偿利益。社会和经济的不平等（例如财富和权利的不平等），只要其结果能给每个人，尤其是那些最少受惠的社会成员带来补偿利益，它们就是正义的。

三、补偿原则

无论中国还是外国，无论是在发达国家还是在发展中国家，由于种种复杂的地理、历史与经济社会和家庭等原因，在事实层

[①] 刘复兴：《教育政策的价值分析》，教育科学出版社，2003年，第36页。

面上，并非人人享有的公共教育资源在数量和质量两方面都是平等的。公共教育资源的供给或配置呈现出比较明显的地域、城乡、性别乃至种族的不平等，不同学校、不同性别、不同家庭背景和不同身体健康状况的青少年儿童也往往受到不平等的对待。因此，教育公平所要求的人人享受平等受教育权利、人人平等享有公共教育资源要想真正地得到实现，就不能简单地停留在法律或政策文本中，必须采取切实有力的措施矫正历史形成的教育不均衡，减少不同地域、城乡、性别、种族及学校类型等之间的教育差距，促进整个教育特别是基础教育更加均衡和协调地发展。从这个意义上说，教育公平不仅要求平等地分配公共教育资源，还要求公共教育资源的分配适当地向各种社会处境不利的弱势群体倾斜。从政治哲学的角度说，前者体现了分配正义的要求，后者体现了矫正正义的要求。矫正正义是分配正义的补充和完善，建立在矫正正义理念基础上的弱势补偿原则，使得真正的社会公平包括教育公平得以实现。

教育资源配置的补偿原则针对受教育者的社会经济地位的差距，对社会经济地位处境不利的受教育者在教育资源配置上予以补偿。补偿原则的基本含义就是挑选出处于不利地位的群体，如家庭经济不利地位的贫困家庭学生、身体或智力不利的肢体障碍学生和智力障碍学生、与主流文化相比处于相对不利地位的少数民族学生。从这些不利群体的特殊地位、视角来看问题、分析问题，以是否最大限度地满足这一不利阶层的利益为标准来确定教育的分配。此原则的主旨是立足于教育的整体利益，对教育发展过程中的不利群体的教育进行必要的调整和补偿，使不利群体普遍地得到由教育带来的收益，进而使教育的质量不断提高。这样配置教育资源是不平等的，但却是公平的。亚里士多德提出："平等地对待平等的，不平等地对待不平等的。"这句话所体现的就是补偿原则。该原则与罗尔斯的差别补偿原则是一致的，即只允许那种能给最少受惠者带来补偿利益的不平等分配，任何不平等的利益分配都要符合最少受惠者的最大利益。补偿理念的实质不是平等分配教育资源，而是向着有利于弱势群体的方向去倾斜，以此来减少弱势群体或不利群体在接受教育方面的不公正，有助于改变贫困家庭的生活机遇，有助于促进贫困阶层向上流动，进而减少社会的不公正，即社会正义。弱势补偿的最终目的，是使那些处在才干和能力的同一水平上，有着同样愿望的人，不管他们在社会体系中的最初地位是什么，亦即不管他们生来是属于什么样的收入阶层，都能有大致平等的教育和成功前景。

这三条原则是罗尔斯的公平三原则的具体表述，是较公认的公平理论，具有指导性意义。从伦理学角度寻求教育公平实施的原则，有助于把握公平的本质特征。其规定了作为正义的公平应具备的三原则及三原则之间的优先性，至今仍被认为是最具权威的公平理论。

（三）公共财政理论

1. 公共产品理论

公共财政理论表明如果要弥补市场失调所带来的无法满足的公共需求，需要依赖市场外部的力量，政府力量就是市场外部力量。而政府提供公共需求的领域只限于公共服务领域，为保证政府不越过这一领域，需要为政府明确界限，以便限定提供公共需求的范围。"高等教育投资是一种不确定性收益的人力资本投资，而人力资本市场是一个对于投资对象没有担保的市场，私人部门

若不进行投资，将导致教育市场失调，需要公共财政给予扶持。所以，为了解决市场失调的问题，公共财政理论应时而生。"[1]

高等教育是否贯彻表达了公共财政的意志，衡量其质量的标准为是否可以培养符合公共财政意志的学生，学校不只是传授知识和技能的场所，而人的素质也不能只用货币来衡量，所以不能生搬硬套市场规律去发展高等教育。政府需要公共财政经费的投入来设置课程进行意识形态的教育。高等教育投资是极其巨大的，从学生个人及家庭的角度看，一部分家庭和学生无法承受较高的高等教育个人支出。"由于经济原因这部分人将失去接受高等教育的机会，这将使国家、家庭和个人，甚至整个社会蒙受无比巨大的损失，失去一个高级人才，因此从社会公平的角度讲，这个领域需要公共财政进行投资。"[2]

1954年，美国经济学家萨缪尔森在《公共支出纯理论》中指出，公共产品是社会成员均等消费的物品，指为一个人使用，也可在没有任何额外成本的情况下同时为他人使用的物品或服务。[3]其特点是一些人对这一产品的消费不会影响另一些人对它的消费，具有非竞争性；某些人对这一产品的利用，不会排斥另一些人对它的利用，具有非排他性。一般由政府或社会团体提供。具体来说，非竞争性有两方面含义：一是边际成本为零，指增加一个消费者不会导致供给者成本的增加；二是边际拥挤成本为零，指每个消费者的消费都不影响其他消费者的消费数量和质量。而

①谢为熙：《财政高等教育抓好教学、行政管理基础工作》，广西人民出版社，2013年，第36页。

②吴仕民：《中国高等教育》，长城出版社，2012年，第24页。

③萨缪尔森：《公共支出纯理论》，《经济数据回顾与分析》，1954年第11期。

非排他性，既有技术上的不可能所带来，也有受益排他技术上可行，但高额的实施成本而导致的事实不可行的受益非排他性。只有同时具有上述两项显著特征的才被视为纯公共产品，这决定了纯公共产品的范围是非常狭小的。在公共品中更多的是准公共产品。准公共产品亦称为"混合产品"。这类产品通常只具备上述两个特性中的一个，而另一个则表现为不充分。一类具有非排他性和不充分的非竞争性的公共产品；另一类是具有非竞争性特征，但非排他性不充分的准公共产品。例如，公共道路和公共桥梁。公共产品的生产分为公共生产、私人生产和混合生产三种方式，其中无论是采用公共生产、公共提供，还是采用私人生产、公共提供方式，其结果是生产公共产品的费用完全由政府负担。公共产品若是采用混合提供的方式，则其生产成本将由政府和受益的企业或个人共同分担。

教育研究界一般认为高等教育属于准公共产品，因为高等教育的受益者既包括受教育的个人，也包括整个社会，作为个人，教育提供的利益是具排斥性的，但是其外部性所带来的社会利益却是非排斥的。另一方面高等教育还具有消费排他性或者说是消费竞争性，这是由于因高校规模等因素的限制，一部分学生将无法获得高等教育的机会。

高等教育的属性决定了高等教育不能完全由市场提供，政府必须作为重要的供给者之一，这是因为准公共产品完全由市场供给的供给水平将低于使社会利益最大化的水平。另一方面基于政府的职能，政府也须参与高等教育的供给。前部分已提及政府扮演着多重角色，除了公益人外，还有个重要的角色就是调控人。由于我国目前地区经济发展不平衡，高等教育资本市场不健全，

劳动力市场也尚不完善，因此完全由市场提供高等教育将难以避免地出现"市场失灵"现象，鉴于高等教育的外部效应，这将影响到高等教育公平性，乃至整个社会的公平性。因此，政府需履行其调控者职责，积极地参与到高等教育的供给中。特别是对于弱势群体，政府应给予更多的支持力度，以有利于我国高等教育的均衡性发展。

教育的公共产品性主要表现在其带来的社会效益上。教育对社会具有很强的外溢作用，哈夫曼和沃尔夫对该问题的实证研究结果进行了综述：1.提高子女的品质（指健康状况、认识能力的发展、接受教育的程度、选择的职业性质、未来收入等）；2.提高家庭内部劳务生产的生产率；3.有助于改善受教育者本人的健康状况；4.改善配偶和家庭成员的健康状况；5.降低生育率；6.提高消费者选择效率；7.提高劳动力市场双向选择的效率；8.婚姻选择更具效率；9.提高储蓄率；10.降低犯罪率；11.提高社会和谐程度；12.促进技术进步与传播。教育可以提高社会成员的道德素质，有利于维护国家安全稳定和减少犯罪；若某一地区重视教育，劳动力素质普遍较高，有利于吸引投资，从而促进经济增长；受过教育的人会更加重视子女的教育问题，从而有利于形成教育的良性循环。

2. 教育财政投入理论

教育财政投入在国家财政体制中占有极其重要的地位，是其不可分割的重要组成部分。高等教育财政体制是指，为提供具有公益性的高等教育服务，各级政府部门筹集、使用和管控教育经费和合理分配各类教育资源、促进实现教育公平的一系列专门性管理系统的结构及其运行机理。高等教育财政管理体制是国家公共财政的一个专业领域，涉及支配和使用高等教育经费。高等教育财政管理体制的实质是国民收入再分配的一种方式，是为了扶持和发展高等教育公益事业，国家无偿地为教育事业划拨资源。高等教育财政具备科学分配教育资源、提高高等教育公平、保障高等教育稳定和发展等功能。高等教育财政是站在政府的角度上建立起来的，目的是要在高等教育经费分配中，考察政府发挥的作用和承担的责任。高等教育财政的实质是为了达到国家扶持和发展高等教育事业的需求，以政府为主体，使用国家政治权力进行特殊资源配置活动。比如说，"政府提供教育经费的动因、教育财政的最优规模、教育财政分配以及支出的效率等，这些都是教育财政概念的内涵"。[①]

3. 人力资本理论

关于人力资本的概念，目前学术界公认的是"人力资本之父"舒尔茨的人力资本定义。舒尔茨认为，人力资本会促进生产增长，是具有经济价值的一类资本，它包括量和质两个方面。量的方面是指一个社会中从事有用工作的人数及百分比、劳动时间，在一定程度上代表该社会的人力资本的多少；质的方面是指人的技艺、知识、熟练程度与其他类似可以影响人从事生产性工作能力的东西。舒尔茨在研究人力资本时，更加强调质的方面，认为它才是人力资本概念的内涵。可见，舒尔茨把人力资本界定为资本的一种形式，它是体现在劳动者身上以劳动者的数量和质量表示的资本，它能够促进经济增长和个人收入增加，是一种生产性投产。[②]或者说人力资本是体现于人身体上的知识、能力和体力(健康)的总

---

①刘旭东、傅松涛:《公平与效率:高等教育资源配置中政府与市场的角色适位与融合》,《教育理论与实践》,2011 年第 12 期。
②王敏:《政府财政教育支出绩效评价研究》,经济科学出版社,2008 年,第 124 页。

和。贝克尔从内容和人力资本形成两个角度对人力资本的概念进行了补充。他根据当前社会环境特点，从人力资本的内容角度指出"人力资本的概念包括知识、信息、教育、思想、技能、观念、精神状态、卫生健康"。可见，贝克尔认为人力资本不仅包括知识、能力和健康，还包括思想观念以及接受到的信息和教育。此外，贝克尔还从人力资本形成的角度进行了定义，"人力资本是通过人力投资形成的资本……用于增加人的资源影响未来的货币和消费能力的投资的人力资本投资"。① 因此，人力资本可以认为是人们在教育、培训、医疗与保健等方面的投资所形成的资本。在《新帕格雷夫大辞典》中这样解释人力资本，"作为现在和未来产出与收入的源泉，资本是一个具有价值的存量，人力资本是体现在人身上的技能和生产知识的存量"。

人力资本的基本属性。舒尔茨对人力资本的基本属性进行了分析，他指出"人力资本的显著标志是它属于人的一部分，它是人类的，因为它表现在人身体上；它又是资本，因为它是未来满足或未来收入的源泉或者两者的源泉。在人力无偿提供的地方，人力资本不是一种能出售的可转让资产。人们当然能获得它，但不是作为一种市场上出售的资产而是通过向自身投资。由此可见，没有人能把自己同他所拥有的人力资本分开。他必将始终带着自己的人力资本，无论这笔资本是用于生产还是用于消费。依据人力资本的这些基本属性，在解释这两类资本形成和运用所涉及的经济行为时，人力资本和非人力资本之间产生了许多微妙的差别。"②

---

① [美]舒尔茨：《人力资本投资》，商务印书馆，1990年，第124页。
② [美]舒尔茨：《人力资本投资》，商务印书馆，1990年，第40页。

下面分析一下人力资本和物质资本的异同点。它们的相似之处在于：一是它们都具有资本的性质，都可以带来利润；二是它们的形成途径都是通过投资，都是通过减少或牺牲现期消费以换取未来的收入。它们的不同之处在于：一是物质资本的所有权是可以买卖、转让或继承的，但是人力资本由于其载体是人自身，其所有权是不可能转让、买卖或继承的。二是一些耐用物质资本可以储存，而人力资本由于知识更新、老化、贬值的速度非常快，不能够长期储存不用。

我国学者对人力资本理论的主要观点进行了概括总结，并将其列为以下 4 点。①

人口质量重于人口数量。人力资本理论的基本出发点是提高人口质量，增强人口素质。这一理论批评了古典经济学家李嘉图（D.Ricardo）、马尔萨斯（T.R.Malthus）等人只重视土地和人口数量对经济增长的作用，而看不到人口质量的经济价值。人力资本理论认为，当今世界经济发展的关键在于人口的质量。

人力资本投资和物质资本投资都是经济发展不可缺少的生产性投资，但在现代化经济条件下，人力资本投资作用大于物质资本投资的作用。例如，第二次世界大战后美国的农业生产增长，只有 20% 是物质投资的结果，80% 主要是教育或与教育有关的科学技术的作用，或者说主要是人力资本投资的结果。

教育投资是人力资本的核心。具体表现在以下几个方面：(1)教育投资是一种生产性投资。教育投资是使隐藏在人体内部的能力得以增长的一种生产性投资。 (2)提高人口质量的关键是教

①靳希斌：《教育经济学》，人民教育出版社，2001 年，第 61~62 页。

育投资。因为各国人口的先天素质和潜在能力基本上是均衡的，或者说是近似的，但是后天获得的知识、技能和能力却是有差别的。各国人口质量与素质之所以会存在差异，其根本原因在于各国教育投资水平和社会平均教育程度不同。 (3)教育投资比物质投资更有利，可以带来更多的利润。如美国 1900—1957 年的 57 年间，教育投资增长速度远远超过物质投资增长速度，物质资本投资所带来的利润增长了 3.5 倍，因教育投资增加的利润则达 17.5 倍。从世界范围来说，有关资料表明，第二次世界大战以来，人力资源开发和教育投资增长时经济增长的比例达到占国民经济增长总额的 41%，有的国家甚至超过了这个比例，达到 60% 以上。此外，教育投资的收益率要高于物质投资的收益率，因此，资本积累的中心应从物质资本向人力资本转移，应追加教育投资的总量。

教育投资的收益率也是可以测算的，基本与物质资本投资的收益率的测算相同。基本公式为：收益率 = 收益 / 成本。许多学者都对教育投资收益率进行过测算，其中最具影响力和权威的是萨卡罗普洛斯德的研究。他通过对 70 多个国家和地区的教育收益率进行测算分析后得出结论：各国教育投资的收益率为正，且高于一般的物质资本收益率和利率，发展中国家的收益率高于发达国家。

二、法理依据

我国民族自治地方享有财政自治和教育财政自治的民族地区自治权利。依据《宪法》及《民族区域自治法》规定，财政自治是我国民族地区自治地方行使管理本民族地区内部事务和地方事务的一项民主权力。

（一）《宪法》

《宪法》作为我国的根本大法，具有最高的法律效力。关于教育自治，《中华人民共和国宪法》第六节《民族自治地方的自治机关》中明确提出了我国民族自治地方的自治机关拥有的权利与义务，其中第117条写明："民族自治地方的自治机关有管理地方财政的自治权。若属于民族自治地方的财政收入，就由民族自治地方的自治机关自行计划使用。"第119条规定："民族自治地方的自治机关自主地管理本地方的教育、科学、文化、卫生、体育事业，保护和整理民族的文化遗产，发展和繁荣民族文化。"第122规定："国家从财政、物资、技术等方面帮助各少数民族加速发展经济建设和文化建设。国家帮助民族自治地方从当地民族中大量培养各级干部、科技人才和技术工人。"

（二）《民族区域自治法》

《民族区域自治法》的第三章《民族自治机关的自主权》第32条中明确写明："民族自治地方的财政是一级财政，是国家财政的组成部分。民族自治地方的自治机关有管理地方财政的自治权。凡是依照国家财政体制属于民族自治地方的财政收入，都应当由民族自治地方的自治机关自主地安排使用。民族自治地方在全国统一的财政体制下，通过国家实行的规范的财政转移支付制度，享受上级财政的照顾。民族自治地方的财政预算支出，按照国家规定，设机动资金，预备费在预算中所占比例高于一般地区。民族自治地方的自治机关在执行财政预算过程中，自行安排使用收入的超收和支出的节余资金。"第36条中明确写明："民族自治地方的自治机关根据国家的教育方针，依照法律规定，决定本地方的教育规划，各级各类学校的设置、学制、办学形式、教学内容、

教学用语和招生办法。"第62条中明确写明:"随着国民经济的发展和财政收入的增长,上级财政逐步加大对民族自治地方财政转移支付力度。通过一般性财政转移支付、专项财政转移支付、民族优惠政策财政转移支付以及国家确定的其他方式,增加对民族自治地方的资金投入,用于加快民族自治地方经济发展和社会进步,逐步缩小与发达地区的差距。"通过国家财政转移支付制度可以享受上级财政的援助与照顾。《实施〈民族区域自治法〉若干规定》第9条第1款、第3款规定:"国家通过一般性财政转移支付、专项财政转移支付、民族优惠政策财政转移支付以及其他方式,充分考虑民族自治地方的公共服务支出成本差异,逐步加大对民族自治地方财政转移支付力度。上级人民政府有关部门各种专项资金的分配,应当向民族自治地方倾斜。""国家规范省级以下财政转移支付制度,确保国家对民族自治地方的转移支付、税收返还等优惠政策落实到自治县"。①

《民族区域自治法》赋予民族自治地方财政管理自治权的内容十分丰富,概括起来主要包括如下五个方面。

第一,赋予了民族自治地方财政立法自治权。经济自治是民族区域自治的一个重要内容,经济自治权是经济自治在法律上的表现。国家对经济运行和经济活动的控制和管理,着眼于国家利益和社会公共利益,是对各民族根本利益和共同利益的维护和保障。在此前提下,国家赋予民族自治地方经济自治权,是对生活在一定区域内的民族的自身经济利益在法律上的认可。这样民族自治地方在服从国家整体利益和根本利益的前提下,就有了追求、

---

①戴小明:《民族自治地方财政自治简论》,《中南民族学院学报》,2008年第3期。

实现和维护自身经济利益的法律依据。民族自治地方财政自治是指在国家统一领导的财政体制下，自治机关根据宪法原则和民族区域自治法及其他相关法律法规（如税法等）的规定，依照自治条例的规定和当地的政治、经济及文化的特点，制定财政自治条例或者有关法律法规的变通及补充规定等，组织财政收入，统筹分配财政资金，自主地管理本地区财政事务的活动。在这里最重要的自治权就是财政自治立法。它必须考虑两个方面：一是依照当地民族的政治、经济及文化的特点，制定自治条例和单行条例，并报最高国家权力机关或者省级国家权力机关批准、备案。二是制定执行有关财政税收法律法规的变通或者补充规定。即对国家的财税法律法规以及上级国家机关财税活动的决议、决定、命令和指示，不适合民族自治地方实际情况的，报经上级国家机关批准后变通执行或者停止执行。对民族自治地方来说，从当地实际情况和社会主体经济利益需求出发，重视经济立法自治权，充分运用立法权，因地制宜地对国家法律、法规进行扩展和延伸，制定相关条例以及规定、办法、规则、决定等，是在经济运行和调制中贯彻调制法定原则、调制适度原则、调制绩效原则，也是加快改革开放和经济建设步伐，消弭地域劣势和经济劣势，实现全面建设小康社会宏伟目标的前提。因此，加强少数民族自治地方经济立法，是民族自治地方经济发展、社会稳定的客观要求，是完善社会主义经济法律体系的重要环节。必须将西部大开发的基本政策法律化，从而创立有利于西部少数民族自治地方开发的客观投资法律环境。必须加强少数民族自治地方的基础建设方面的立法，以改变民族自治地方交通、通讯等方面的落后状况。必须加强少数民族自治地方自然资源开发及生态环境保护立法，努力

建成有利于民族自治地方生态环境保护和建设的政策措施的法律体系，以促进民族自治地方经济社会和生态环境的可持续协调发展。必须加强社会保障体制方面的立法，以促进民族自治地方的社会稳定。必须加强边境贸易等方面的立法，以促进边境贸易的快速发展。必须加强引进人才、引进外资、招商引资等方面的立法，以创造一个良好的法制环境，拉动民族自治地方经济的快速发展。

第二，规定了民族自治地方财政体制的基本内容。1.凡是依照国家财政体制属于民族自治地方的财政收入，都应当由自治机关自主地安排使用。这一规定，从财政体制上保证了自治机关可以根据本地方经济、文化等事业发展的需要，自主地安排财政支出。对属于民族自治地方的自治机关自主安排和使用的这一部分财政收入，上级国家机关不应当随意下达支出指标而加重民族自治地方的财政负担。2.民族自治地方的财政收入和财政支出的项目，由国务院按照优待民族自治地方的原则规定，即在中央和地方以及地方之间的财政收支划分时，对哪些项目的收入和支出划给民族自治地方，自治机关管理财政收支的权限范围大于一般地区。3.自从 1980 年国家实行"划分收支、分级包干"的财政体制以后，民族自治地方依照国家财政体制的规定，凡财政收入多于财政支出，定额上缴上级财政，上缴数额可以一定几年不变。凡收入不敷支出的，由上级财政机关予以补助。特别是对内蒙古自治区、广西壮族自治区、西藏自治区、新疆维吾尔自治区和宁夏回族自治区 5 个少数民族自治区，以及云南省、贵州省和青海省 3 个少数民族聚居地区较多的省，实行收入全部留用；对其支出大于收入的差额，一律实行由中央财政补贴的政策，并明确其补贴数额一定 5 年不变。为了照顾民族自治地方发展生产建设和文化教育事业的需要，确定其补助额以 1979 年的 40.13 亿为基数，每年递增 10%。根据这项政策，中央财政对上述 8 个省、自治区的定额补助数额由 1980 年的 44.143 亿，增加到 1986 年的 79 亿多元。规定内蒙古、新疆、广西、宁夏 4 个自治区和云、贵、青三省外汇收入留成 50%，西藏全部留用，其他省区只留成 25%。对于其收入不敷支出的自治州、自治县，则应当由自治州或者自治县的上级财政机关给予补助。4.民族自治地方的财政预算支出，按照国家规定，设机动资金，预备费在预算中所占比例高于一般地区。自治机关在执行财政预算过程中，自行安排使用收入的超收和支出的节余资金。地方预算的预备费是在年初安排预算时，不规定具体用途的一种机动资金，主要用于原来预算不足和新发生的一些开支。按照国家财政体制的有关规定，自治区的预备费按支出预算总额的 5%计算，自治州按 4%计算，自治县按 3%计算，分别比一般省、地、县高 2%。另按中央分配的行政、事业经费的 5%增列机动金，作为特殊照顾。云南、青海、贵州 3 省少数民族人口较多，可以比照民族自治区办理。

第三，规定了国家对民族自治地方财政帮助和扶持的责任。根据宪法和民族区域自治法的规定，国家设立了各项专用资金，扶助民族自治地方发展经济和文化建设事业，并规定国家设立的各项专用资金和临时性民族补助专款，任何部门不得扣减、截留、挪用，不得用以顶替民族自治地方正常的预算收入。上级国家机关在合理核定或者调整民族自治地方的正常收入和支出基数时，应当扣除各种补助专用资金数额。据统计，1986 年国家用于少数民族地区的各项专款，包括"支援经济不发达地区发展资金""边境地区和少数民族聚居区基本建设补助费"和"边境建设事业

补助费"等 4 项，共有 6.6 亿多元。从 1986 年起，国家在 5 年内每年给贫困地区（其中包括民族地区）专项贴息贷款 10 亿元。国家大力扶持民族自治地方发展民族贸易，对民族自治地方的商业、供销和医药企业给予照顾。新中国成立以来，国家对民族贸易企业给予了特殊照顾，特别是对少数民族居住的边远山区和牧区的民族贸易企业，实行自有资金、利润留成、价格补贴三项"照顾"政策。此外，国家还规定零售企业自有流动资金可占 80%，批发企业自有流动资金可占 50%，其余流动资金由银行按低息贷款照顾。民族贸易企业的利润留成比例定为 50%，而一般地区纯商业的只有 25%。国家对民族地区的主要农牧土特产品，实行最低保护价格，对民族地区所需要的工业品，实行最高限价(保护价)，差额补贴列入省、自治区财政预算，由国家补贴。为了促进民族贸易的进一步发展，《民族区域自治法》第 60 条规定："上级国家机关根据国家的民族贸易政策和民族自治地方的需要，对民族自治地方的商业、供销和医药企业，从投资、金融、税收等方面给予扶持。"该法第 61 条还规定："国家制定优惠政策，扶持民族自治地方发展对外经济贸易，扩大民族自治地方生产企业对外贸易经营自主权，鼓励发展地方优势产品出口，实行优惠的边境贸易政策。"

第四，赋予了民族自治地方制定财政补充规定和具体执行办法的权利。法律规定民族自治地方的自治机关对于本地方的各项开支标准、定员、定额，根据国家规定的原则，结合本地方的实际情况，可以制定补充规定和具体执行办法。民族自治地方制订补充规定和具体办法时，除了应当由国家统一审批的减免税收项目外，对属于地方财政收入的某些需要从税收上加以照顾和鼓励的，可以实行减税或者免税。自治州、自治县决定减税或者免税的，必须报经省或者自治区人民政府批准。税收是财政收入的一种主要形式，同时也是调节经济的重要杠杆。对民族自治地方的税收实行特殊政策，给予民族自治地方的自治机关决定某些项目税收的减免权，有利于民族自治地方经济建设的发展。此外，自治区还可以根据税法的基本原则，并结合本地区的实际情况，制定出与本地区实际情况相适应的税收办法。譬如，在《农业税条例》《工商税条例》《工商所得税试行条例》等规定中，都规定了自治区可以结合本地区的实际情况制定减免税收的办法。由于国家采取了多种措施，在财政管理体制上作了一系列的规定，从而保证了民族自治地方在财政管理体制上，在安排经济、文化等各项建设事业上，都有了较多的资金来源。

第五，规定了加大对民族自治地方财政转移支付的力度。《民族区域自治法》第 62 条规定:"随着国民经济的发展和财政收入的增长，上级财政逐步加大对民族自治地方财政转移支付力度。通过一般性财政转移支付、专项财政转移支付、民族优惠政策财政转移支付以及国家确定的其他方式，增加对民族自治地方的资金投入，用于加快民族自治地方经济发展和社会进步，逐步缩小与发达地区的差距。"该条款规定上级财政增加对民族自治地方的资金投入的四种方式:(1)一般性财政转移支付。一般性财政转移支付是政府间财政转移支付的两大类中的一类。一般性财政转移支付属于财力补助性质，地方政府可以自主地安排支出，其目的在于促进政府在不同地区之间提供的公共服务能力均等化，所以有时又称为均等化转移支付。(2)专项财政转移支付。专项财政转移支付也称作有条件地转移支付或者专项拨款，是有附加条件的转

移支付，主要服务于中央的特定政策目标。拨款提供者指定了资金的用途和使用范围，拨款接受者必须按照有关规定使用这些资金，其特征是专款专用。(3)民族优惠政策财政转移支付。民族优惠政策财政转移支付除了采用一般性因素外，还采用少数民族人口、可居住面积、工资类别系数、平均海拔高度、公路运输距离、道路状况等能够反映民族地区特点的因素。这样民族自治地方比一般地方所得到的转移支付额也会相应增加。(4)国家确定的其他方式。除了上述三种方式加大对民族自治地方财政转移支付力度外，国家还采取了其他方式，如从 2000 年起，在增加对民族地区政策性转移支付的同时，还将民族地区每年增值税增量的 80%由中央专项转移支付给民族地区。该条款以财政转移支付方式扶持民族自治地方，代替了原来财政补助方式扶持民族自治地方。实质上从 1980 年起，国家对于民族地区施行递增补助的财政体制（其他地区不递增），补助额每年比上年增长 10%。由于补助数额递增较快，超过了中央的承受能力，中央不得不将民族地区的递增补助在 1989 年固定下来，并调进体制基数。从 1995 年起，中央财政开始实行过渡时期财政转移支付，逐步形成了上述四种财政转移支付方式。过渡时期的财政转移支付是根据 1994 年分税制财政体制改革中确定的过渡时期财政转移支付的办法，中央财政对地方的转移支付具体包括以下几个部分:客观性财政转移支付。也被称为一般性财政转移支付，即中央财政对地方财政的均衡拨款。为了保证有限的转移支付资金首先用于最困难的地区，凡人员经费与公用经费地方财力的比重低于 80%的地区，暂不作为过渡期转移支付的对象。中央财政对地方的税收返还。具体操作方法是以 1993 年为基期年，将（消费税＋75%的增值税－中央下划收入）全额返还地方，并以此作为中央财政对地方税收返还的基数，从 1994 年起税收返还额，按地方增值税和营业税的增长率的 1：0.3 系数确定。也就是说，地方增长率每增长一个百分点，中央财政对地方的税收返还增加 0.3%。这些规定的出台，使财政转移支付制度在民族地区规范实施有了法律保障。

实现民族自治地方自治机关财政管理自治权的指导原则。《民族区域自治法》是在国家的统一领导下，在各少数民族聚居的地方实施区域自治的基本法。在贯彻执行过程中，必须处理好民族自治地方和国家的关系。反映在财政工作中，就是要坚持"统一领导，分级管理"的原则。财政不仅是国民经济的综合反映，它还是一项政治性很强的工作。为此，我们一方面要认清民族自治地方的财政是一级财政，是国家财政的有机组成部分，要保证国家的财政方针、政策及其计划在民族自治地方的贯彻执行；另一方面又要保证民族自治地方的自治机关有充分行使其财政管理的自治权，使民族自治地方有大于一般地方的财政管理权限。我国少数民族和民族自治地方的经济、文化一般来说还不够发达，国家必须在财政方面大力帮助少数民族和民族地区加速其经济和文化的发展，逐步消除历史上遗留下来的贫困落后的状况。但是，要从根本上改变这一状况，最主要的还要依靠少数民族自身的努力，尤其需要他们团结一致，发扬自力更生和艰苦奋斗的精神，只有内因和外因相结合，才能取得切实有效的成果。少数民族和民族自治地方尤其要树立全局观点，克服单纯依赖国家的片面观点。要学会生财、聚财、用财和理财之道。要转变传统的、旧的理财观念，破除收、支、拨、管为主的财政预算的小圈子，变供给型财政为经营、建设性财政，处理好生财、聚财和用财的辩证

关系。中共中央关于经济体制改革的决定指出，要解放思想，实事求是，一切从实际出发，把党的方针政策同各地区、各部门、各单位的实际密切结合起来，创造性地贯彻执行，各少数民族地区的经济体制改革如何进行，尤其应该充分考虑本地区的特点。这些原则，应该说都是我们进行民族地区财政体制改革必须遵循的指导思想和原则。

要正确地处理好民族自治地方财政体制内部的各种关系。首先，要正确处理好财政困难与政策放宽的关系。一般来说，财政困难对于经济政策的放宽无疑是个重要的制约因素。在多数情况下，民族自治地方财政困难的克服，都需要得到中央的支持和帮助。但是，作为民族自治地方来说，也要尽最大的努力给基层放权、让利，以开拓和培植新的财源，从而促进财政状况的根本好转，并为政策放宽创造物质条件。其次，要正确处理好民族自治地方内各民族之间的关系。财力的分配，对民族自治地方内各县，包括汉族人口较多的县，都要不偏不倚，一视同仁，公平对待，只有这样才可能处理好民族之间的关系，进而加强民族团结。再次，要正确处理好财政部门与各主管部门的关系。事业费的管理以及条块结合均要以块块为主，凡是能切块的都要尽可能地放下去。对单位预算管理，不宜管得过宽过细。单位预算包干，要把责、权、利结合起来，充分发挥部门和单位的主动性和积极性，从而减少财政部门的事务性工作。最后，要正确处理好生产和消费比例均衡发展的关系。要克服两种片面性，既要防止过冷、过热，又要实事求是，量体裁衣，量力而行，尽可能处理好需要和可能的矛盾，切实做到收支平衡并有节余。在财政管理中，还要围绕发展社会主义市场经济中心，坚持不断深化改革开放的方针。

要贯彻中央提出的"双增双节"的方针，注意克服"要钱积极，花钱不问效果，铺张浪费，不讲投入产出"的弊病。坚持不断改革和完善民族自治地方的财政管理体制，建立健全监察机构，依法加强财政监督和财政立法工作。[1]要不断地改革和完善民族自治地方的财政管理体制。《民族区域自治法》自从颁布实施以来，我国绝大多数民族自治地方和多民族的省份及国务院的一些相关部门，都比较重视对其贯彻落实工作。就财政体制改革来说，1985 年中央从实行"划分收支，分级包干"改为"划分税种，核定收支，分级包干"一定五年不变的新体制后，对自治区和在财政上视同自治区待遇的省，按照中央财政核定的定额，继续实行了"优惠照顾和扶持"的政策。各自治区和一些多民族的省，在民族自治地方财政管理上也作了改进，采取了一些照顾贫困地区的措施，对一些专款也逐步切块下放。中央和省、自治区贯彻自治法、落实民族自治地方财政管理自治权的措施，无疑对维护祖国统一，增强民族团结，发展民族自治地方的经济和文化事业，起到了十分重要的作用。但是，中央在对经济进行宏观控制时，一般强调了统一管理的一面，而对不同情况区别对待不够，因而使民族自治地方与一般省、市、县没有多大差别。民族自治地方依照自治法的规定，在采取一些适合当地情况的措施时，还往往受到上级有关部门的干预。显然，理顺上级国家机关的规定与自治法有关条文的关系，是民族地区贯彻落实《民族区域自治法》的前提。按照《民族区域自治法》的规定，民族自治地方的各项建设，必须在国家统一领导和统一宏观调控下进行。上级国家机

---

[1]《中华人民共和国民族区域自治法》，法律出版社，2001 年。

关对民族自治地方的政策规定，既要体现宏观控制，又要有所区别、有所照顾，不能等同于一般省、市、县。在全面建设小康社会的进程中，财力有限往往是民族自治地方开发和建设的主要制约因素。振兴民族地区经济，缩小东西部地区发展程度上的差距，实现民族间的共同繁荣与进步，主要依靠民族自身的自我发展能力，依靠民族内在的激励机制和自力更生、艰苦奋斗的精神。但是，在一定时期内、在特殊条件下，国家从财政上加大对民族地区的支持力度，又是非常必要的。

三、政策依据

（一）《国务院关于加快发展民族教育的决定》

《国务院关于加快发展民族教育的决定》（国发〔2015〕46号）（以下简称《决定》）明确规定"各级政府要切实增加民族教育投入，加快推进民族地区基本公共教育服务均等化"。适当扩大资金规模，集中解决民族文化交融创新、教师培养培训、民族团结教育、双语教育这几方面的突出问题。地方各级人民政府在划拨财政转移支付资金和安排本级财力时要对民族教育给予照顾。对口支援资金要持续增加支持教育事业，完善内地民族办学经费投入机制。积极引导和鼓励社会各界高度支持民族教育发展，多元化拓展渠道增加民族教育投入。

从该《决定》可以看出，国家对民族地区公共教育高度重视，采取提高一般性转移支付和教育专项转移支付，同时积极指引和激励社会各界支持民族教育发展，这将有利于促进高等教育资金来源多元化的实现，打破长期以来一切靠中央财政支持的被动局面，动员社会积极力量共同关注高等教育发展，形成一种生机勃勃的高等教育财政支持的造血机制，这对促进各民族平等发展、推进教育公平、加强民族团结、保障社会民生、维护社会稳定等方面起到了极大的促进作用。

(二)　"十三五"规划和政府工作报告

《中共中央关于制定国民经济和社会发展第十三个五年规划的建议》(简称"十三五"规划)提出:提高教学水平,加大创新能力,要让部分高校和很多学科接近或达到世界水平。2016年3月5日国务院总理李克强在第十二届全国人民代表大会第四次会议上的《2016年政府工作报告》中清楚地表明:"大力支持民族地区差别化发展的政策落到实处,重点保护和发扬少数民族优秀传统文化和特色村镇,加大扶持少数民族发展力度,不断实施兴边富民活动,让全国各族人民共同迈向小康社会。提升高校教学水平和增强创新能力,推动普通本科高校向应用型转变,不断深入扩大重点高校面向贫困农村招生规模,扶持和规范民办教育发展。"

本章通过深刻剖析民族自治地方高等教育发展和高等教育财政管理机制的相关理论内涵,结合民族社会学、高等教育学、公共财政学等学科内容,依据社会建设理论、民族地方教育财政自治权、高等教育相关理论、教育财政投入理论等有关理论基础,对研究中教育财政自治建设和高等教育发展及高等教育财政管理机制等核心内容进行全面的理论分析,深入研究民族自治地方教育财政自治权的深刻内涵以及高等教育财政投入管理机制的理论基础,为后面的调查研究打下了良好的理论基础。

第三节　民族自治地方高等教育财政管理机制
与高等教育发展的关系

民族自治地方高等教育的发展程度与高等教育管理机制的健全与否息息相关，二者相辅相成，相互促进。一个科学合理、健全完善的高等教育财政管理机制不仅对当地民族高等教育发展给予充足的资金保障，而且能够充分发挥高等教育资金的使用效益和民族自治地方教育财政自治权的优越性，加快当地高等教育的发展，为民族自治地方提供大量高质量、高水平的优质人才，从而推动当地经济的发展和社会建设水平；反之，一个科学性、合理性、完整性欠佳的高等教育财政管理机制，不仅会造成当地高等教育资金的大量浪费，而且会制约和阻碍高等教育的发展，从而影响民族自治地方社会建设水平和经济发展速度。本章就是在民族自治地方高等教育发展的理论基础上，分析民族自治地方高等教育发展和高等教育财政管理机制之间的密切关系，介绍本书研究的出发点和切入点。

一、高等教育财政管理机制的内涵

高等教育财政管理机制，指的是"国家（政府）、社会机构、私人等参与的一种高等教育事业发展中的分配关系，代表着在某种程度上国家向有关高等教育机构拨付经费、调控高等教育的经费开支，并通过相应的经济手段和法律手段管理和发展高等教育事业"[①]。

在我国，高等教育财政管理机制是指政府用于维持与发展各

---

① 柯佑祥：《高等教育财政导论》，《江苏高教》，2011 年第 2 期。

类教育事业的经费支出，既包括政府财政预算内教育支出，也包括财政预算外支出，后者包括各级政府征收用于教育的税、费，企业办学的教育经费，校办产业、勤工俭学和社会服务收入用于教育的经费。"民族地区高等教育财政管理机制是指在民族自治地方，政府对发展我国民族地区高等教育事业的财政拨款。包括两项内容，一项是预算内教育经费，这包括教育事业费拨款、基建拨款、科研经费拨款、其他经费拨款；另一项是各级政府征收用于教育的税费，这包括城市教育附加费、农村教育事业费附加、地方教育费附加、企业办学校教育经费、校办产业、勤工俭学和社会服务收入用于教育的经费。"①

高等教育财政管理机制是国家财政中不可分割的重要组成部分，是指为提供具有公共物品性质的那部分高等教育服务国家各级政府部门而筹措、运用和管理经费，保障运行和发展高等教育系统，合理配置教育资源，促进教育公平、效率和自由的一系列专门性管理系统的结构及其运行机理，本质上是高等教育财政投入管理系统的内在联系、功能及运行原理，是决定管理功效的核心问题，具有内在性、系统性、客观性、自动性、可调性五大特征。高等教育财政管理机制关系到高等教育经费的分配和使用，是国家公共财政中一个专门领域，其实质是为扶持和发展高等教育公益事业，国家无偿为教育划拨资源的一种国民收入再分配方式。"高等教育财政具有的功能包括合理配置教育资源、促进高等教育公平、保证高等教育稳定和发展。高等教育财政是基于政

---

① 孙继甫：《公共财政下的高等教育财政制度问题研究》，东北财经大学出版社，2010年，第2页。

府角度提出来的，旨在考察在高等教育经费供给中政府所应承担的责任与义务，其实质是为满足国家扶助和发展高等教育事业的需要，以国家为主体的并运用国家政治权力而进行的一种特殊的分配活动。"①

二、民族自治地方高等教育发展的评价标准

联合国教育科学文化组织颁布的《关于高等教育的变革与发展的政策性文件》中定义了高等教育质量。高等教育质量是将高等教育所有职责和活动的多层面包含在内的一种概念，由教学科研人员、课程与学生的质量，基础设施和学术环境的质量所决定。《21世纪的高等教育：展望和行动》大会宣言提出，高等教育质量是一个多层面的概念，由高等教育的所有功能和活动组成。它不仅仅包括教学与学术计划、研究与学术成就、教学人员、学生、校舍、设施设备、社会服务和学术环境，还包括了国际交往工作、知识交流、相互联网、教师和学生流动、国际研究项目。世界高等教育大会高度关注高等教育质量，重点是关注各自民族的文化价值和各自国家的实际状况，全球各国高等教育专家们对高等教育质量概念达成了共识，重点强调了高等教育质量的多层面、个性化、多样性和特色化。

《中国国民经济和社会发展第十三个五年规划纲要》正式提出"使若干高校和一批学科达到或接近世界一流水平"的目标后，国务院发布的统筹推进世界一流大学和一流学科建设总体方案，是我国为提升高等教育发展水平、增强国家核心竞争力、奠定长远发展基础做出的重大战略决策，必将加快我国从高等教育大国向

---

① 阎红丽：《高等教育财政来源的比较研究》，《中国高等教育研究》，2009年第3期。

高等教育强国跨越的步伐。因此，高等教育发展的评价标准包括软件和硬件设施两部分。

一方面，硬件指标包括教学条件、教学规模、办学设施设备、校舍条件等，这些硬件设施注重真实确凿和数据达标；但另一方面，高等教育的功能包括人才培养、科学研究和社会服务，其中人才培养是最重要的核心功能。优秀的教师队伍，拔尖的创新人才，一流的学术成果，以及科研创新、制度创新、精神文化创新等内涵式软件指标也同样重要，甚至决定了一个地区的高等教育发展的质量和速度。

三、民族自治地方高等教育财政管理机制与高等教育发展之间的关系

宁夏高等教育的发展是宁夏社会建设的重要方面，在为民族地区实施高等人才战略、提高科技水平、促进社会发展等方面发挥了十分重要的作用。高等教育是民族地区科技文化事业发展的主要实施者，具有明显的政府主导特征。在当前高等教育大众化的进程中，高等教育的发展与高等教育财政管理之间有着密不可分、相辅相成的重要关系。

（一）高等教育财政管理机制是实施高等教育发展的资金保障和物质基础

民族地区的高等教育，具有公共产品的属性，主要资金来源于政府、个人、企业等，其发展程度和资金投入存在极其密切的相关性。健全和完善民族自治地方高等教育财政管理机制，可以使高等教育资金发挥最大化的使用效益，为高等教育的发展提供充足的物质保障和资金支持。长期以来，由于历史、地理、文化等原因，民族地区高等教育经费投入不足的问题一直困扰着当地

高等教育的发展，这些高校大多与全国其他发达省份之间存在较大差距，面临着严重的教育经费短缺问题，教学条件落后，基础设施简陋，导致学校教育水平无法显著提升。要促使宁夏高等教育快速发展，首先就要解决教育资金来源问题。社会捐赠本来是分担高等教育成本和多元化筹集高等教育经费的重要办法之一，此方法已在国外盛行，为解决紧张的高等教育经费提供了帮助，但由于宁夏的社会团体对高等教育的重视程度不够，观念落后，宁夏高等教育的发展主要依赖于国家财政资金的拨付、捐款、集资等，筹措资金在高等教育经费中的占比相对较低。因此，增强宁夏高等教育财政的投入力度，加强高等教育财政管理机制，是发展宁夏高等教育的前提和基础，也是其当务之急和重中之重。

（二）高等教育的发展促进了高等教育财政投入管理机制的调整和优化

民族自治地方高等教育的发展可为该地区提供大量高层的生产、管理、建设的高水平人才，提高该地区人口的文化水平和公民素质，增强该地区对高等人才的重视程度，从而增加社会捐赠、企业投资的比例，加快建立高等教育资金多元化投入渠道，调整和优化高等教育财政投入管理机制，促使高等教育资金发挥最优化的使用效益。同时，"从个人自身发展角度而言，受更高层次的高等教育，已不再只是传统意义上的教育消费，而更是使受教育者在未来获得较高预期经济收益的个人投资，这种终身制学习、高层次受教育的学习理念促进人们更加主动地寻求、接受各种类型的高等教育财政投入，增强了全社会关注高等教育的积极性和创造性，拓宽高等教育的资金来源；另一方面，高等教育的发展，也提高了该地区从事高等教育资金管理人才的文化素质和管理水平，帮助教育财政管理人员根据社会需求和经济发展需要及时调整管理体制，从而形成高等教育发展与当地高等教育投入管理机制良性循环的状态，为当地民族地区社会发展起到推动和促进作用"①。

四、民族自治地方高等教育财政管理机制与社会建设之间的关系

（一）高等教育财政投入为民族区域自治地方社会建设提供技术保障和人才资源

高等教育财政保障高等教育的正常运行和健康发展，从而为民族区域自治地方社会建设提供先进的科学技术和高层次的人才。科学技术是第一生产力，生产力的发展决定一个民族和区域的发展，尤其对少数民族自治地方来讲，落后的经济文化发展，其根源是优质人才的稀缺，人力资源的发掘支持生产力发展，而培养高层次、实用型人才主要还是靠高等教育的发展。一方面，高等教育财政投入可以为高等教育的发展提供物质基础和资金保障，从而大幅度加快民族自治地方高等人力资源的开发，为当地经济建设输出高效型、技能型和实用型人才；另一方面，依据自治地方经济的基本实力，大力拓展高等教育财政投入，建立健全高等教育财政管理机制，不仅可以促进高等教育发展，更能降低企业人才匮乏、缓解就业压力、加速经济发展，形成一个良性循环的社会运行机制。同时，根据国外发达国家的先进经验，我们也可以清楚地看到，国家与国家之间综合国力的差距，实际上就是高

---

① 杨广军：《我国高等教育公平的制度性障碍及政策建议》，《当代教育论坛》（上半月刊），2009 年第 10 期。

层次科技人才的差距，如今美国已经设立了技术学院、工业管理学院、社区学院和区域性学校等多元化、多种模式的高等教育财政投入系统，这不但帮助美国培养出大量的技术性人才，还帮助美国经济快速增长。①因此，要发展一个国家和民族的经济，提高一个国家的综合实力，首先要高度重视高等教育的质量和水平。高等教育，不仅是一个教书育人的过程，还是一个社会区域建设过程中人力资源投入并升华的过程，为区域经济的良性发展提供发展动力。

（二）民族区域自治地方社会建设水平决定了高等教育财政投入的发展规模和实力水平

首先，高等教育财政投入的规模决定于民族区域自治地方社会建设水平。高等教育财政投入的发展规模体现在高等院校的数量、师生数量、校园占地面积、硬件设施、实验设备和实习基地等，只有拥有充足的资金才能确保高等教育财政投入建设这些硬件，若民族区域自治地方社会建设资金雄厚，就可以有效保证高等院校的建设、师资力量的培养、硬件设备的投入。近几年，国家制定的产业结构整合政策，促进了第三产业快速发展，不仅为高等教育财政投入提供了便利因素，也为高等教育毕业生的就业提供了大量岗位。其次，高等教育财政投入的发展也决定于民族区域经济的社会水平。民族区域经济发展速度的快慢决定了本地居民消费水平和生活水平的高低。民族区域经济水平的高低是影响公众对高等教育财政投入的关键因素。再次，"高等教育财政投入的质量决定于民族区域经济的实力水平。高等教育财政投入是

---

① 颜泽贤、吴超林：《论高等教育产业发展的路径依赖》，《教育与经济》，2011年第1期。

一种特别的教学实践项目，拥有良好的教学设备、优美的教学环境等物质保障，这均由地方财政对高等教育财政的投入和区域经济的发展水平所决定"。①

　　本书通过分析民族自治地方高等教育财政管理机制与高等教育发展的关系，以及与民族自治地方社会建设的能动关系，来分析通过研究高等教育财政管理机制来促进民族自治地方社会建设的研究路径。随着国家经济与高教体制不断深化改革，民族区域经济与高等教育财政投入的关系已变得越来越密切。根据上述高等教育财政投入与民族区域自治地方社会建设的相关性分析，"当前，高等教育财政投入必须产生新的教育与经济关系和互动模式，才能更好地服务于民族经济建设，二者的联系是互相依靠、互相促进、同步前进的，逐步形成校企结合、产学共创、工学联合的共进模式。民族区域经济对高等教育财政投入的发展起着决定作用，并在一定程度上制约着高等教育发展的规模、速度和质量；高等教育财政投入对区域经济的发展产生能动作用，当适应民族自治地方社会建设时高等教育财政就会产生促进作用，反之将产生阻碍作用"。②

①刘旭东，傅松涛：《公平与效率：高等教育资源配置中政府与市场的角色适位与融合》，《教育理论与实践》，2011 年第 12 期。
②王寰安：《我国高等教育体制的供给效应分析》，《国家教育行政学院学报》，2010 年第 2 期。

第二章　宁夏高等教育财政管理机制对高等教育发展影响的现状研究

"十二五"期间，在中央和自治区政府的大力支持下，宁夏高等教育办学规模显著扩大，学校条件不断改善，发展层次明显提升，结构体系趋于合理，全区高等教育大众化水平进一步提高，在服务地方经济社会发展，加强基础能力建设等方面的能力显著提升，但在高等教育财政管理机制方面，依然存在高等教育财政自治制度缺失的问题。本章通过回顾与反思"十二五"期间宁夏高等教育发展取得的进展和不足，对"十二五"宁夏期间高等教育的经费投入变化和经费来源的差异性进行了纵向对比，深入分析了高等教育经费从投入到产生效益的过程中，各个环节的经费走向以及外部制度调节的现状，完善经费保障和成本分担机制，加强高水平的教学和科研团队建设，以机制体制的改革为核心，使宁夏高等教育质量得到全面提升。

第一节　"十二五"期间宁夏高等教育发展现状的调查研究

一、调查对象

通过分析"十二五"期间宁夏回族自治区高等教育发展的整

体状况、财政性高等教育经费比例及高等教育经费绩效考核评价结果等数据，科学、客观地对宁夏高等教育财政投入机制及现状进行理论探析，同时对宁夏回族自治区教育厅、财政厅的高等教育资金相关管理人员以及十余名宁夏本科院校和高等职业院校的校长、财务管理人员及高校教师进行实地访谈，将调查数据与访谈结果紧密结合，客观、全面地分析目前宁夏高等教育财政管理机制对高等教育发展的促进作用和不利影响。

二、调查原则

第一，理论研究和实证研究相结合。通过阅读大量文献理论材料，考察高等教育财政投入管理机制的起源、发展和现状，关注国内外高等教育财政投入管理机制的理论动态，然后在实证调研的基础上结合相关统计数据与问卷分析的量化实证材料，增强研究的客观性和说服力。

第二，历史研究和比较研究相结合。通过对宁夏"十二五"期间的高等教育财政投入状况进行历史研究和纵向数据分析，对中西方民族地区高等教育财政投入管理机制的异同之处进行横向比较，找到中西方高等教育财政投入管理机制的最佳结合点，学习和借鉴美国高等教育财政投入管理的先进模式和最新理念，从中找出适合宁夏高等教育财政投入管理现状的并且能够提高财政投入管理能力的可操作性模式。

第三，定性研究和定量研究相结合。在调查研究阶段，一方面，深入到自治区教育、财政管理部门和一线高等院校中进行访谈和调研，通过亲身实践、认真观察，并与教育、财政工作人员及高等院校的校长、老师和将要毕业的学生进行调研访谈，多层次、多视角地综合了解目前宁夏高等教育财政的现状和存在的难题；

运用定性研究了解高等教育近几年取得的成就、高等教育经费获取的途径、资金运行的各个环节、资金使用的成效及他们对经费监管机制的看法等；另一方面，对近几年宁夏高等教育财政投入经费统计和财务报表的数据进行定量分析，发现其中存在的问题。

三、研究内容

第一，对宁夏"十二五"期间高等教育的经费投入、占全国财政性教育经费的比例及经费绩效评价结果数据进行分析，了解经费投入的实际情况，根据高等院校经费投入的变化和经费来源的差异性，分析宁夏高等教育财政投入管理机制存在的问题，得出宁夏高等教育发展的内外制约因素。

第二，以宁夏高等教育中宁夏大学作为本科院校代表，宁夏财经职业技术学院作为高职院校代表，以以上两所高校为研究对象，通过对两所高校"十二五"期间的预算内教育财政性经费，尤其是对中央专项资金的投入、使用、效益情况逐一分析，以点扩面，反映出当前宁夏本科教育和高等职业教育财政投入存在的问题。

四、信度和效度分析

第一，信度分析。由于笔者长期从事宁夏回族自治区高等教育资金管理工作，与宁夏回族自治区教育厅工作业务关系密切，因而对宁夏地区 2011—2015 年高等教育相关数据收集的比较全面详细，通过《教育统计手册》《教育经费统计手册》以及个别高等院校的"十二五"总结资料对相关数据进行归类整理，因此数据真实准确，具有一定可信度。

第二，效度分析。由于笔者时间和精力有限，不能将宁夏地区所有高等本科院校和高等职业院校的发展情况和高等教育财政管理情况进行全面整理和调查，只能以宁夏大学和宁夏财经职业技术学院作为具有代表性的典型案例进行分析研究，同时在访谈过程中，也无法对宁夏地区所有高校的校长、财务管理人员及高校教师进行调查，只能抽样检测，选取具有针对性和代表性的访谈资料进行分析，因此在调查结果中可能出现一定程度的误差，但不影响总体结果分析。

五、数据调查结果分析

（一）宁夏高等教育概况

宁夏回族自治区成立于 1958 年，面积 6.64 万平方公里，辖 5个地级市，22 个市县（区）。2015 年末常住人口 664.54 万人，其中城镇人口 340.28 万人，为常住人口的 51.2%。全区回族人口232.14 万，占人口总数的 34.93%，占全国回族人口总人数近 20%。2015 年，全区完成生产总值 2752.06 亿元，比上年增长 9.8%，全区人均生产总值 3.94 万元，增长 8.6%。

截至 2015 年底，有 1 所"211 工程"建设高校，2 所"国家示范性高职院校项目"学校，1 所国家骨干高职院校建设学校。全区普通高校在校生由 2010 年的 8.34 万人增至 2015 年的 11.94 万人，其中，研究生由 3209 人增至 4403 人，本专科在校生由 70454人增至 121278 人。高等教育的毛入学率由 2010 年的 25.10%增至2015 年的 30.5%。2015 年，高等教育中少数民族在校生 38780 人，占高等教育在校生总人数的 32.48%。

表 2-1　2015 年宁夏高等教育在校生情况表

（单位：人）

院校	校数	招生数	在校生	少数民族在校生	占总在校生人数比例（%）
一、普通高等学校	18	34699	119410	38780	32.48

续 表

院校	校数	招生数	在校生	少数民族在校生	占总在校生人数比例（%）
1. 地方院校	17	29604	99220	26766	26.98
研究生		1485	3831	472	12.32
本科	7	14127	54964	14928	27.16
高等职业院校	10	13992	40425	11366	28.12
2. 部委院校	1	5095	20190	12014	59.50
研究生		218	572	126	22.03
本科	1	4877	19618	11888	60.60
二、成人高等院校	1	11439	29172	6819	23.38
地方院校	1	11439	29172	6819	23.38
其中：本科		4146	9271	2586	27.89

数据来源：《宁夏教育事业统计快报》（2015 年）

（二）宁夏本科教育

近年来，自治区政府坚持以"改革、深化、提高、发展"为方针，高等教育实现了跨越式发展，取得了令人瞩目的成就。截至2015 年，宁夏共有 8 所普通本科高等学校，其中，1 所部属普通本科院校，5 所区属普通本科院校，2 所独立学院。宁夏已形成由 1 所"211 工程"高校、1 所医科型大学、1 所师范型院校、5 所本科学院组成的层次较高、种类齐全、结构合理的高等教育体系。

（三）宁夏普通本科教育的财政支持状况

1. 加大投入力度，办学条件明显改善

"十二五"期间，在自治区政府的高度重视下，宁夏本科教育的财政投入力度不断加大。2015 年，国家财政性教育经费 15.38 亿元，其中预算内教育经费为 15.27 亿元，是 2011 年的 1.27 倍，占教育财政经费的 71.22%，投入总量连续增长，平均年增长率达 22.6%。

表2-2　宁夏普通本科院校基本情况表

（单位：人）

学校	学校性质	毕业生数	招生数	在校生	教职工
宁夏大学	公办	3989	3931	16129	2627
宁夏医科大学	公办	1282	1449	6282	1283
宁夏师范学院	公办	1367	2002	6390	556
北方民族大学	部委公办	3660	4895	18295	1274
宁夏理工学院	民办	879	1812	1812	423
银川能源学院	民办	1490	2902	7242	554
宁夏大学新华学院	独立院校	1234	1849	6789	6789
中国矿业大学银川学院	独立院校	1647	2417	9740	615

数据来源：《宁夏回族自治区教育统计手册》（2015年）

表2-3　宁夏普通本科教育财政投入情况表

（单位：人）

年份	总计	国家性教育经费				社会捐赠经费	事业收入	其他
		小计	其中：预算内教育经费	政府征收税费	其他			
2011	2,255,130	1,723,377	1,703,125	252	20,000	1661	341,737	188,355
2012	1,732,417	1,347,744	1,288,587	100	59,057	1000	300,171	83,502
2013	1,849,534	1,323,179	1,224,679	328	98,172	1200	323,231	201,924
2014	2,040,316	1,358,198	1,318,963	393	38,842	1562	619,514	61,042
2015	2,145,218	1,538,189	1,527,825	428	9,936	1628	515,628	89,773

数据来源：《宁夏回族自治区教育经费统计手册》（2011—2015年度）

随着教育财政投入的增加，本科院校硬件条件得到明显改善。截至 2015 年，宁夏普通本科学校产权占地面积和建筑面积分别为 644.94 亿平方米和 219.04 亿平方米；固定资产总值 43.35 亿元，其中，图书 621.51 万册，教学科研仪器设备值约 10.04 亿元，学校规模效益显著增加，办学条件不断完善。

表 2-4　宁夏本科院校办学条件情况一览表

学校	学校产权占地面积（平方米）	学校产权建筑面积（平方米）	图书（万册）	固定资产总值（万元）		
				计	教学科研仪器设备值	其他
宁夏大学	1,578,112	572,483	161.81	120,956.21	31,262.22	89,693.99
宁夏医科大学	801,296	285,643	87.10	114,074.09	18,877.89	95,196.20
宁夏师范学院	928,000	177,877	50.85	15,279.97	5,990.96	9,289.01
北方民族大学	766,671	397,233	130.33	89,515.51	24,979.80	64,535.71
宁夏理工学院	862,221	235,911	51.40	36,590.47	5,330.05	31,260.42
银川能源学院	674,337	226,607	52.22	34,943.61	5,041.80	29,901.82
宁夏大学新华学院	480,987	112,809	45.20	1,6445.00	3,147.13	13,297.87
中国矿业大学银川学院	357,775	181,824	42.60	5,733.00	5,733.00	2,566.00

数据来源:《宁夏回族自治区教育统计手册》(2011—2015 年度)

2. 不断扩大招生人数，办学规模不断扩大

根据权威统计数字：2015 年，宁夏普通本科院校在校生人数 8.18 万，比 2011 年增加了 18.5%，在校生人数年均增加 7469 人，年均增长 16.1%；2015 年招生人数达 2.58 万人，较 2011 年增长 87.1%；毕业人数 1.79 万人，较 2011 年增长 59.43%；教职工人数

8924 人，较 2011 年增长 28.37%。高等教育办学规模实现了超乎寻常的跨越式发展。

表 2-5　宁夏普通本科院校教育规模情况表

（单位：个、人）

年份	院校数	毕业生数	招生数	校生数	教职工数
2011 年	7	12010	17882	62096	6889
2012 年	8	14636	21667	72423	7833
2013 年	8	15548	21257	77421	7981
2014 年	8	17538	24376	79357	8125
2015 年	8	17892	25835	25835	8924

数据来源：《宁夏回族自治区教育统计手册》（2011—2015 年度）

3．强化内涵建设，师资综合水平连年提高

表 2-6　2015 年宁夏普通本科院校专任教师职称情况表

（单位：人）

学校	教职工数	专任教师	正高级	副高级	中级
合计	7936	5271	963	1410	1701
宁夏大学	2627	1484	287	478	569
宁夏医科大学	1283	805	290	286	199
宁夏师范学院	556	407	56	87	168
北方民族大学	1274	928	108	250	380
宁夏理工学院	423	330	74	78	79
银川能源学院	554	433	68	62	82
宁夏大学新华学院	604	468	51	130	135
中国矿业大学银川学院	615	416	29	39	89

数据来源：《宁夏回族自治区教育统计手册》（2015 年）

为实现宁夏高等教育的内涵式、跨越式发展，宁夏民族地区的师资队伍建设得到了明显加强，各院校师资力量不断增强。2015 年，宁夏本科院校专任教师中正高级职称 963 人，约占专任教师总数的 12.1%，副高级职称 1410 人，约占专任教师总数的 17.8%，中级职称 1701 人，约占专任教师总数的 21.4%，本科院校不断优化教师队伍的学科组织、职称架构，整体素质得到了明显提升。

4. 合理安排专项资金，办学实力不断增强

宁夏 8 所普通本科高等院校中，地方公办全日制普通高校是宁夏大学、宁夏医科大学和宁夏师范学院，也是自治区教育财政投入的重点。2014 年全区普通本科院校教育经费投入共计 17.9 亿元，其中这三所公办高校教育经费达 13.26 亿元，占全区教育经费的 74.1%。"十二五"期间，通过中央支持地方高校发展项目、生均拨款奖补资金项目、中西部高校综合实力项目、中央与地方共建高校优势特色实验室、人才队伍建设等措施，宁夏争取财政高等教育专项资金 5 亿多元，简化资金拨付环节，减少资金滞留时间和流程，宁夏已提前完成 10 所区属高校的债务化解工作，共化解债务近 23 亿元，其中 2011 年化解 15.3 亿元，2012 年化解 7.5 亿元，极大地缓解了各大高校资金困难的压力，为进一步加快宁夏高等教育发展创造了有利条件。

5. 大力实施本科教学工程，深化教育教学改革

自治区大力支持高校教师开展以课程组建、授课内容、授课方法等为主要内容的教育教学改革，强化项目过程管理，注重项目示范作用，截至 2015 年底，共累计立项自治区级优势特色专业41 个，17 个重点建设专业，20 个人才培养模式改革试验区，68

个教学团队，22 个实验教学示范中心，192 个教育教学改革项目，63 门精品课程，10 门资源共享精品课程，629 项大学生创新创业训练计划项目。同时，不断建立和完善各项制度，推动高校落实教学中心地位。建立高等学校教学工作检查制度，提高高校教学水平。

6. 加强高校学科专业建设，服务地方经济社会的能力不断增强

宁夏大学学科门类主要涵盖法学、工学、管理学等 11 个大类，重点是要加强对高校学科专业建设的统筹规划和宏观管理，引导高校调整学科发展方向，改造提升传统专业。宁夏高校目前已建设 1 个国家级重点学科和国家级重点培育学科，38 个自治区级重点学科，7 个自治区级优势特色学科，立项 17 个自治区级重点建设专业，较好地体现了对地方经济社会发展的适应性和服务性。同时，专业科类比较齐全、覆盖面广，基本形成了层次较高、种类齐全、结构合理的高等教育体系。总而言之，宁夏高等教育的办学水平得到了显著提高，尤其是硕博学位授予点较以前有了较大的变化，高等教育的层次构建和学科分级得到了长足的发展，各学科拓展广度明显上升，高校科技人员派遣数量不断增多，科学技术成果转化数量也在不断增加，为地方社会经济发展作出了较大贡献。

宁夏高等教育的发展为民族区域自治地方社会建设提供了强有力的技术和人才支持，为当地社会、企业，生产、服务管理一线培养了高技能、应用型人才，大规模开发人力资源，为经济建设提供高科技智力支持，为当前宁夏的中阿博览会、清真食品开发等市场需求提供了大量实用性人才，大大缓解了当地企业的人才紧缺压力，促进了民族区域经济既好又快、健康稳定的发展。

（四）高等职业教育的财政支持现状

宁夏作为回族自治区，近几年，由于国家"西部大开发战略"的实施，促进了全面实现小康社会和经济结构产业化、新型工业技术化经济的发展，新型的现代工业、农业、服务业、制造业如雨后春笋般不断增加，使得对高水平的操作型、技能型、综合型实用人才和对高等职业教育人才的需求不断加大。宁夏作为全国回族人口聚居较为集中的地区，2015年共有10296名回族学生毕业于宁夏职业技术学院，占到职业教育毕业生总人数的25.2%。2002年至今，由无到有，由小变大，宁夏回族高等职业教育取得了社会公认的成绩，彻底扭转了回族高等教育院校"数量少、规模小、作用不突出"的局面。国家示范性高等职业院校建设计划的实施，促使回族职业教育事业高速发展，相应我们就要高度重视提高回族职业院校师资队伍建设水平，不断提升专业建设水平。

1. 不断增加投资，显著改善办学条件

表2-7　宁夏高等职业教育财政投入情况表

（单位：千元）

年份	总计	国家性教育经费				民办学校举办者投入	社会捐赠经费	事业收入	其他
		小计	其中：预算内教育经费	政府征收税费	企业办学中的企业拨款	其他			
2011	900170	692,343	494,265	18,177	76,918	102,983	20,540	686	207,141	16,297
2012	1,005.064	668,599	646,159	4,977	12,081	5,382	8500	593	249,609	77,763
2013	658,171	372,077	354,425	7,382	8,196	2,074	9600	616	256,732	19,146
2014	796,756	608,757	479,273	4,696	146,108	8680	9410	685	177,144	760
2015	812,367	720,682	562,628	6,026	153,267	8761	9820	782	189,125	1,958

数据来源：《宁夏回族自治区教育经费统计手册》（2015年）

2015 年投入国家财政性教育经费 7.2 亿元，比 2011 年增加了 6.79%，其中预算内教育经费 5.63 亿元，比 2011 年增加了 11.6%；预算内教育经费达到了财政支出的 60.1%，比 2011 年提高 18.17%，年均投入总量呈现连续增加态势。

(单位：千元)

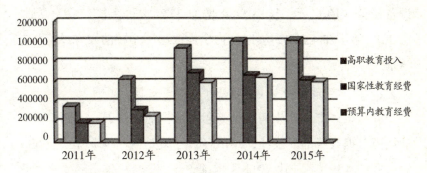

图 1　2011—2015 年宁夏高等职业教育财政经费投入增长图

表 2-8　宁夏高等职业教育办学条件情况表

年份	学校产权占地面积（平方米）	图书（万册）	固定资产总值（万元）			学校产权建筑面积（平方米）
			计	教学科研仪器设备值	其中	
2011	4415609	222.32	172967.59	26191.69	146775.9	960939
2012	4198689	202.99	141912.71	25952.86	115959.9	794145
2013	4384247	204.78	183184.38	32867.88	150316.5	911067
2014	4592578	215.56	193674.27	39583.93	154090.3	935782
2015	4672912	226.71	197357.49	41892.46	155465.0	972537

数据来源：《宁夏回族自治区教育统计手册》(2011—2015 年度)

宁夏高等职业教育财政投入不断增加，使得高等职业院校硬件师资条件水平全面提升。据统计，2015 年以来，宁夏高等职业学校产权占地面积为 467.29 万平方米，比 2011 年增加 12.15%；学校产权建筑面积 97.25 万平方米，比 2011 年增加 10.57%；固定资产总值 19.74 亿元，比 2011 年增加 16.29%,其中，教学科研仪器设备价值 4.19 亿元，比 2011 年增加 75.28%；图书 226.71 万册，比 2011 年增加 4.26%，短时间内全面改善了学校的硬件设施和办学条件。

2. 科学管理经费支出，逐步扩大办学规模

近些年，宁夏回族地区高等职业院校加快发展，不断扩大办学规模。据权威部门统计，2015 年，宁夏地区高等职业学校在校生人数约 4.1 万名，比 2011 年增加了 31.2%，在校生规模年均扩大 1926 人，2015 年共招生 13992 名，较 2011 年增长了 17%；毕业人数 12748 人，较 2011 年增长了 34.2%；教职工人数 2738 人，较 2011 年提高 6.9%。

表 2-9　宁夏高等职业教育规模情况表

（单位:个、人）

年份	学校数	毕业生数	招生数	在校生数	教职工数
2011	8	9498	11959	30895	2749
2012	8	8938	13186	34379	2373
2013	8	9649	12996	37087	2509
2014	10	11174	14412	39816	2684
2015	10	12748	13992	40525	2938

数据来源:《宁夏回族自治区教育统计手册》(2011—2015 年度)

3. 狠抓素质提升，师资力量明显增强

近几年，宁夏地区高等职业教育的师资队伍不断壮大，教师素质不断提升，高层次、高学历、高水平教师不断涌现。师资队伍高级人才的增加，使得宁夏高等职业教育的软实力大大提升，为培养高素质、技能型、实用型人才奠定了坚实基础。

表 2-10　宁夏高等职业教育专任教师情况表

（单位：人）

年份	教职工人数	专任教师	正高级职称	副高级职称	中级职称	研究生学历比例
2011	2752	1925	77	562	598	43.71%
2012	2372	1705	49	524	509	46.35%
2013	2508	1851	69	528	552	49.39%
2014	2604	1903	69	548	579	51.32%
2015	2735	1968	82	572	581	53.28%

数据来源：《宁夏回族自治区教育统计手册》（2011—2015 年度）

第二节　宁夏高等教育财政管理机制对高等教育发展的影响

一、宁夏高等教育财政管理机制对高等教育发展的促进作用

近年来，宁夏紧紧抓住国家实施西部大开发战略的历史机遇，深化教育财政管理机制改革，不断加大高等教育投入力度，提升资金管理水平和使用效益，以重大科研教育项目为抓手，多方筹措资金，改善办学条件，扩大学校规模，提高教学质量和科研水平，为高等教育的发展提供了强大的资金支持和物质保障。通过

对"十二五"期间宁夏高等教育的经费投入变化和经费来源的差异性进行纵向对比，深入分析高等教育经费从投入到产生效益过程中，经费走向的各个环节以及外部制度调节的现状，可以清晰看出宁夏高等教育财政投入对高等教育的促进作用越来越明显，民族区域自治地方高等教育的发展与高等教育财政管理机制共同发展，进入相互促进的良性循环。民族自治地方建立起的科学严谨的高等教育财政管理机制，不仅能够为高等教育提供更多的资金支持，而且能够最大化地发挥资金使用效益，提高对民族自治地方高等教育的服务能力，二者呈现出相辅相成、协调发展的关系。从近几年高等教育发展的状况来看，高等教育财政管理机制对高等教育发展的影响作用既有积极的促进作用，又有消极的阻碍影响。

调查资料1

2015年10月26日，宁夏回族自治区银川市某高校会议室，被访者为某高校校长、4位财务工作人员。

调查者：您认为宁夏近几年高等教育取得了哪些成就和发展？宁夏高等教育财政管理机制对高等教育发展有什么促进作用吗？

学校校长：近几年，宁夏地区教育事业迈上新的台阶，总体发展水平有所上升，服务地方经济社会能力显著提高。

财务工作人员：是的，大家都有目共睹了，近几年宁夏地区的高等教育发展势头良好，中央和自治区政府对宁夏高等教育的支持力度不断加大，无论是学校规模还是办学条件都比原来改变了许多，基础设施逐渐完善，学校的师资队伍也不断壮大，这一切都得益于高等教育财政的大力支持。

调查者：您认为宁夏高等教育经费使用的成效如何？

校长：逐年加大了对高等教育的投入，进一步完善了学生资助体系，提高了教师工资水平，确保了教师队伍的稳定和学校正常运转，部分学校的办学条件得到较大改善，并取得了初步成效。

财务工作人员：是的，近几年，自从宁夏地区实行绩效工资以来，我们教师的工资待遇也大幅度提升，学校的硬件设施有了明显改善，校园规模不断扩大，学校实验室设备和教学器材也不断更新，老师们都感到很满意；但在软件方面还是投入力度不大，其实大学和大学之间的竞争更多的是软件实力的相互竞争。

另一财务工作人员：是啊，现在国内外的名牌高校，都是师资力量和科研水平的"名牌"，所以我们是否也应加大高等教育软件配置？希望咱们宁夏也可以尽快有西部一流甚至全国一流的名校。

短短的 10 多年间，宁夏高等教育发展取得了突飞猛进的提升，无论在高等教育的校园规模、教学设备、专业结构、师资水平还是教学质量、办学效益方面均取得了巨大的成就，实现了名副其实的跨越式发展。宁夏高等教育至今已走过了近 60 年的发展历程，目前全区已形成 1 所"211 工程"高校、4 所多科综合性院校、7 所普通本科地方院校、4 所民办高校、10 所高等职业学院、1所部委院校组成的种类齐全、层次较高、结构合理的高等教育体系，从整体来看，宁夏民族地区的高等教育事业发展势头良好稳定。

二、宁夏高等教育财政管理机制对高等教育发展的制约影响

（一）宁夏高等教育财政自治制度缺失

《中华人民共和国宪法》第 119 条明确规定："民族自治地方的自治机关自主地管理本地方的教育、卫生、文化、科学、体育事

业;保护民族的文化遗产，发展和繁荣民族文化。"《民族区域自治法》第 36 条规定:"民族自治地方的自治机关根据国家的教育方针，根据法律规定，可以自行制定相关的教育规划、学制、办学方式、教学内涵、教学主旨和招生办法。"

2013 年底全区普通本科院校在校学生 77429 人，其中少数民族学生 24038 人，占在校总人数的 31.04%。现在宁夏和其他民族自治地方一样都是采用根据经济状况考核侧率的方法，当社会各界对教育财政投入的需求增加时，国家就会加大对民族地区的高等教育财政支持力度，加大对民族自治地方重要教育项目的资金投入，这时民族自治地方也会立即增加教育财政投入的数额，但是始终未能构建一个有效机制来确保教育财政投入的平稳向前发展，不能保证《民族区域自治法》中有关教育财政自治的权利充分发挥，从而阻碍了宁夏高等教育财政投入的顺利进行。

(二) 中央财政对高等教育的投入总量不足

从 20 世纪 90 年代以来，我国的高等教育整体办学方向逐渐由"少数精英教育"向"多数大众教育"转型。在高等教育办学方向的转变过程中，毋庸置疑，国家对民族地区高等教育的财政支援在数额上不断增加，但这部分增长被随之而来的持续物价上涨和招生规模的不断扩大、教育成本的不断加大所抵消，最终，虽然财政投入总量加大，但民族地区高等院校的生均经费仅仅相当于 20 世纪 80 年代的一般水平，并未实现实质性增长。2012 年后,中央财政选择调整投入方式，依据"全国财政性教育经费投入占国内生产总值的 4%"的新准则进行预核算，这对我国教育财政投入实质性改变具有重要意义。但是我们也需要正确看待，"国家财政性教育经费投入占国内生产总值 4%"的新准则只是全世界评估整体教育财政投入标准的最低基本点，这个标准不但远远落后于美国、英国、德国等教育发达国家，甚至落后于全球平均水平。例如美国已达到了7%，即将是我国标准的2倍。若是减去普通高等教育财政投入，国家财政给予民族地区高等教育的支持力度将大打折扣，因此民族地区作为全国经济文化相对落后的地区，其高等教育资金匮乏的现象仍没有得到切实有效地消除。①

"十二五"期间，宁夏回族自治区政府用于高等教育的专项资金大幅度增加，然而，宁夏作为全国经济、教育、文化、科技水平相对落后的西部民族地区，高等教育的发展起点低、经验少、起步晚、困难大，随着近几年高等院校招生规模的不断加大，单方面仅依靠政府拨款已远远不能满足宁夏高等教育的发展。宁夏高等教育为宁夏地区培养的是学术性和应用性高等人才，尤其高职教育各种设备的建设费用和实训基地对教学设备的先进性和仿真性要求很高，实习实训中的材料消耗费用也相对较高，因此，高等教育资金投入需求总量也相对较大。近几年来，自治区党委、政府高度重视高等教育的发展，充分认识到高等教育的发展意义和价值功能。自治区政府在教育资金十分紧张的情况下，仍想办法给予大量资金支持，但从长远看，高等院校办学经费总量短缺、经费渠道单一，仍然是制约其可持续快速发展的瓶颈因素，最后的结果是导致高等教育质量整体下降，与其他发达省份的差距不断加大。

---

①施正一:《中国西部民族地区经济开发研究》,民族出版社,2011年,第77页。

（三）高等教育财政投入管理机制不尽合理

多年来，宁夏地区高等教育财政投入的管理体制都是由自治区政府机关一级管理拨款，没有像目前绝大多数发达国家那样设立独立的第三方机构进行拨款，这种由政府直接运作的拨款机制导致一些政府机关掌握了大部分财政拨款权，在很大程度上受人为因素影响，并且主观性强，相对不够公开；加之自治区有关的法律条文不是很完善，从而使国家没有行之有效的监管机制管控民族地区高等院校教育财政的投入过程。民族地区高等院校在得到财政资金拨款后怎样高效利用财政资金，获得怎样的绩效，则缺乏缜密的监督管理体制。近几年，虽然自治区的高等教育财政投入管理体制也获得了部分改变，例如实行了国库集中支付机制，颁布了相应的专项资金管理制度和效绩考核体制，但在教育财政经费的运用过程中，民族地区高校对人、财、物等方面仍然暴露出一些不良现象。例如，国家财政支出在人力方面的不良现象主要体现在某些高校工勤人员、行政管理人员过少，随意用教师顶替；教职工超编、行政人员和教学辅助人员能力不达标；个别管理者只注重经费的使用情况和物的配备，不抓人的利用率，包括教师的业务效率、教学水平等；物力方面的不良现象主要体现在民族地区高校盲目扩大教学规模，添置大量教学器材、设备、仪器，严重超越了实际需要，致使大量教学仪器闲置或利用率极低，甚至有些高校为了利用专项资金，无端购置那些脱离教学实际需要的教学仪器设备，争高档、论排场、讲虚名，造成了教育资金的大量浪费，这些都是高校资金管理使用效益不高的集中表现。财力上的浪费主要表现为对高校的专项资金没有科学合理规划和使用，消耗定额与人员构成、教学设备和仪器的比例配备、经费支出和重复利用之间的对比不合理，没有有效管理、维修、保养设备，需要加强重复利用和保持完好率的能力"[①]。

另外，尽管在申请该专项资金时，已经做了详细的论证和比较充分的预算，但是资金拨付到高校后却并未发挥出应有的使用效益，有个别项目教育资金连续几年沉淀在银行账户中，未发挥其价值功效，严重影响了资金的循环使用和正常收益。首先，从宁夏地区高等教育专项资金的使用过程来看，近些年中央资助的一个重要项目资金就是地方高校发展专项资金，包括科研创新、实验室建设、教学设备购置、高级人才培养和师资建设，该项资金的数量大、范围广，要求专款专用，不得调剂到其他用途，但在实际执行过程中发现，高校在申请项目时，并未进行详细的规划和论证，只是一味地考虑尽快将资金申请下来，对资金的使用过程和效益状况考虑不周全，资金使用过程中才发现这项资金涉及高校的各个部门和方方面面，需要精细化的资金再分配，很多资金还需要执行政府采购和专家论证才可使用，因此，造成资金的执行过程周期长、见效慢，项目资金迟迟沉淀在银行里无法支付使用，在执行项目后期，大多都会出现部分结转资金，这些结转资金额度虽然不大，但是想要继续使用，还需按照大项目的繁杂程序重新论证报批，费时费力。其次，从涉及高等教育科研经费专项资金来看，它不仅包括财政拨款的竞争性科研经费，还包括校方自主安排的基本科研经费。竞争性科研经费由中央和地方财政共同出资，管理办法和使用形式极其相似。概括地说，竞争性

---

①谢为熙:《高等教育抓好教学、行政管理基础工作》,广西人民出版社,2011年,第26页。

科研的立项步骤经常是多渠道资助和多头申请，导致高校科研专项经费分布失衡、经费结转、结余层出不穷。再次，预算审批过程中，大多数高等院校的科研项目完成周期至少需要 2—5 年的时间，项目申报和负责人在申请立项时就应当确切地计划出项目经费的使用流程和每一个阶段的工作量和所需资金量。然而，"在科研项目具体操作过程中存在着极大的不确定性，即使进行了精确预算，3—5 年的时间也难免因为不可预见的事项而进行调整变更。若不能及时调整预算，达到科研项目的资金预算需求，就会造成资金沉淀和结余。最后，在资金拨付使用过程当中，内部流程繁冗、垫付前期经费不能回转、资金到位延期等多种现象层出不穷，这些错综复杂的情况都会造成超额申请经费或重复申请、预算编制作假、预算资金延迟启用，部分专项经费花不出去造成相应经费浪费和沉淀"[1]。

（四）高等教育财政投入监督机制不健全

一直以来，宁夏高等教育的财政监评意识比较薄弱，财政投资都缺乏科学、有效的监督机制和激励约束机制，监评主体过于单一。目前宁夏高等教育多采用政府教育财政监评。政府监评虽然具有较大的权威性，但教育财政决策基本上是行政机关单位领导的，直接影响到高等教育财政投入力度和拨付资金量的大小，导致一些政府官员对高等教育的拨款问题人为主观臆断色彩浓厚，缺乏全面、客观、科学的监督评价，至于财政性经费的拨付是否科学合理，是否充分发挥其使用效益，现有的教育财政监督机制也无法及时予以反馈和改进。同时，宁夏尚未构建合理的教育投

---

[1]杨金土：《对发展高等教育几个重要问题的基本认识》，《教育研究》，2010 年第 6 期。

资效益综合评价体系。健全的教育投资综合评价体系包括政府对高等院校公共投资效益的评价、高等院校自身的严格评价和社会对高等院校的评价。这样做一方面是为政府部门进行下一步高等教育的合理规划和投资重点决策提供科学依据，另一方面也是对高等院校利用有限的教育资源发挥作用进行有效监督。高等院校自身的考核评价可以来自于自身发展中不同阶段的比较，也可以来自于与其他同类院校的横向比较，还可以来自于教师、学生和社会人士等多方面的评价。高校定期地进行自我评价，及时发现问题、研究对策、解决问题，促使高校自身随时关注高等教育财政投入的经济效益和社会效益，高等院校在办学中发挥的社会效益，是一个客观的、综合的、长期的评价结果。"一所高校其良好的社会评价，会给学院的长期发展带来良好的品牌效应，不但有益于提升学校的知名度，而且能够鞭策高校自身不断改进和发展；反之如果社会群体对一所高校予以否定，就会产生强烈的负面效应，给学校的长期发展带来严重的不利因素。

总之，当前宁夏高等教育面临的机遇与挑战并存，一方面，近几年宁夏紧紧抓住国家西部大开发的宝贵机遇，切实结合宁夏民族地区高等教育面临的实际情况，高度重视高等教育的发展，将快速发展高等教育、重点培养优质高层次人才作为发展民族地方社会建设和经济的重要抓手。经过全区各级政府和高校的共同努力，宁夏民族地区高等教育有了明显的改善，人民群众对高等教育的重视程度不断增强，社会企业和私人捐赠连年增加，全社会共同关注民族地区发展高等教育对民族自治地方社会发展的重要性；与此同时，在中央财政和自治区政府的大力支持下，宁夏民族地区高等教育的硬件设施、师资力量、教学规模都有了明显

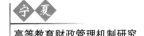

改善和提升，但仍然面临高等教育软件环境不尽完善的状况。如宁夏高等教育的经费大部分还是仅仅依靠财政拨款，而靠高校自身将科学技术转化为生产力和经济效益的能力极为有限，最终造成宁夏高等教育发展的快慢与否，完全被动地依靠于中央和自治区财政，这种"等、靠、要"的被动输血机制，对宁夏高等教育发展极为不利，很大程度影响了高等教育发展的质量和速度。因此，宁夏应积极鼓励和动员全社会共同参与到高等教育的发展过程中，切实实行多元化的教育资金筹集政策，调动高校自身发展的积极性，发挥学术科研的专业优势，顺应民族地区市场经济的发展形势，将"输血机制"尽快转化为"造血机制"，促进宁夏高等教育健康快速发展。

第三章　宁夏高等教育财政管理机制对高等教育发展影响的实证分析

"十二五"期间，自治区政府不断加大资源配置力度，积极营造高等教育发展的良好氛围，极大地促进了宁夏高等教育的持续快速发展。截至 2015 年底，全区共有高等学校 19 所，其中普通本科院校 8 所，高等职业学院 10 所，成人高校 1 所；有"211 工程"建设高校 1 所，国家示范性高职院校项目学校 2 所，国家骨干高职院校建设学校 1 所。全区普通高校在校生由 2010 年的 8.34 万人增至 11.56 万人，其中，研究生由 3209 人增至 4130 人，本专科在校生由 70454 人增至 111432 人。现有博士学位授予单位 2 个，一级学科博士点 8 个，硕士学位授予单位 3 个，专业硕士学位授予单位 1 个，一级学科硕士学位授权点 40 个，专业硕士学位点 17 个。①

本书以宁夏大学作为宁夏高等教育中本科院校的研究代表，以宁夏财经职业技术学院作为高职院校的研究代表，分析比较两所比较具有典型性的宁夏高校在"十二五"期间的预算内教育财政性投入经费，尤其是专项资金的增长、使用、效益情况，以及在学校办学条件、学科建设、师资队伍、学术成果等方面取得的

---

① 《宁夏回族自治区教育厅关于"十二五"规划执行情况》。

成效和存在的不足之处，以此作为代表性素材，以点扩面，反映出宁夏当前高等教育的整体发展情况和高等教育财政投入管理机制中存在的问题，进而为下一步针对性策略研究打下良好基础。

第一节　宁夏大学取得的成就和不足之处

宁夏大学成立于 1958 年，历经 1997 年、2002 年两轮五校合并组建而成。学校占地 2383 亩，校舍建筑面积 69 万平方米。2009 年被列为国家"211 工程"重点建设高校后，宁夏大学抓住这一历史机遇，坚持以创新培养人才为基石，以重点学科突出建设为主导，以高素质人才队伍建设为中心，以创新科学技术为重点内容，以服务社会为己任，努力建设"区域特色鲜明、服务地方能力突出、西部一流的高水平教学研究型大学"。

一、取得的成就

（一）高等教育财政收支和保障情况

近年来宁夏大学抢抓国家支持地方高校发展和自治区大力发展高等教育的重大机遇，经费保障以财政拨款、补助为主体，辅之以事业收入和项目资金，2010 年到 2014 年总收入 45.34 亿元，总支出 40.99 亿元。

表 3-1　宁夏大学高等教育财政投入专项资金使用效益一览表

序号	项目	资金投入（万元）				实施年度	建设内容
		合计	中央	地方	自筹		
1	中央与地方共建高校优势特色实验室	5500	5000	500	—	2009-2012	建成并完善了 17 个优势特色专业实验室和大学生素质教育基地

续 表

2	"211工程"	12800	4000	6810	1990	2009-2012	7个"211工程"重点学科和1个重点培育学科，人才引进和师资队伍、研究生及本科生创新精神和能力培养、数字化校园和图书购置等公共服务体系建设
3	中央支持地方高校建设	6000	6000	—	—	2010-2012	创新人才培养引进和创新团队建设，自治区级重点学科，师范生教学技能实训中心等教学实验平台，农科类学生实训基地等科研平台和专业能力实践基地
4	中央地方高校生均拨款奖补资金	37891	37891	—	—	2010-2015	弥补教学科研管理运行发展经费不足
5	中央地方民族院校建设	13500	10000	3500	—	2010-2015	科技综合楼
6	化解地方高校债务	74075	33334	14815	25926	2011-2012	减少学校贷款7.4亿元
7	中西部高校基础能力建设	12873	10000	2873	—	2012-2017	理工科综合基础实验实训中心
8	中西部高校提升综合实力	42050	35000	3450	3600	2012-2015	以重点学科、教学实验平台、科研平台和专业能力实践基地、公共服务体系以及人才培养和创新团队五方面为抓手，涵盖了学校内涵建设基本内容
9	自治区贷款贴息	4918	—	4918	—	2014-2018	减少资金使用成本
10	高等教育质量工程	2500	—	2500	—	2010-2014	课程、专业、团队建设
11	自治区维修建设项目	1673	—	1673	—	2010-2012	维修B区及C区物电、资环、研究生、土水、数计、逸夫楼，改造水电暖、道路、校医院
12	节能平台建设	1075	1075	—	—	2013-2015	改造水电暖计量
13	校园监控系统建设	1200	—	800	400	2012-2014	建设覆盖全校范围的监控设施
	合计	216055	142300	41839	31916		

数据来源：宁夏大学"十二五"发展规划实施资料

从以上宁夏大学"十二五"期间的高等教育财政投入情况和专项资金使用效益情况可以看出：

1. 办学经费稳步增长，资金运作和保障能力不断增强。宁夏大学经费总收入从 2010 年的 5.11 亿元增加到 2015 年的 13.34 亿元，年均增幅 42.25%。

2. 争取项目经费支持，发挥项目带动作用，形成以学科为龙头，以师资和人才培养为支撑，以公共服务为基础的办学实力建设提升体系。

3. 高度重视事业收入收缴管理。认真执行收支两条线规定，贯彻落实《宁夏回族自治区政府非税收入管理条例》，积极组织各项非税收入，2015 年突破 1 亿元。

4. 银行贷款债务规模缩减，财务风险持续降低。宁夏大学按照自治区政府要求严格控制贷款规模，积极化解之前由于扩招建设形成的贷款，2014 年宁夏大学配合国家审计署和财政部对银行贷款债务情况的审计，争取化债资金 7.4 亿元，债务总额从 2009 年底的 8.3 亿元减少到 4.7 亿元，降幅 43.4%。

（二）宁夏大学"十二五"发展规划实施情况及学科建设情况

1. 学校"十二五"期间基本办学条件改善情况

"十二五"期间，紧紧围绕"211 工程"建设和"一省一校"建设，学校各项事业取得骄人成绩。统筹推进了中西部高校基础能力建设工程、中西部高校提升综合实力建设等重大专项，基本办学条件、各校区功能定位和学科布局不断完善。怀远校区文化广场、贺兰山校区科技综合楼、学生公寓、生活服务中心，文萃校区运动场等一批项目投入使用。新增朔方和中卫两个校区，新增校舍建筑面积 131230 平方米、基本建设固定资产 54140 万元、教学科研仪器设备总值 25080 万元。完成了校园基础网络扩容与核心设备升级，实现了无线网络全覆盖和主要应用系统更新、集成。新增图书 21 万册，大型数据库 20 个，电子图书 836570 种，视频资料 18000 集。基础办学条件明显改善，公共服务体系保障能力大幅提升。

2. "十二五"期间学科建设情况

(1) 学科布局日臻合理，重点学科体系建设优化

基于突出特色、重点扶持、提升层次、促进发展的原则，学校充分发挥重点学科的辐射带动作用，进一步完善学科布局和重点学科机制建设。2015 年招生的二级学科有 18 个博士学位授权专业、86 个二级学科硕士学位授权专业。有 1 个国家重点学科，1 个国家重点（培育）学科，18 个自治区重点学科，4 个"十三五"自治区级优势特色学科，20 个校级重点学科，初步形成了国家—自治区—学校三级重点学科体系。[1]

(2) 重点学科队伍建设稳步提升，高层次人才培养取得突破

项目建设期间，重点学科队伍博士所占比例平均达 55%，有些学科队伍博士比例达到 85%，学科队伍在学历、学缘方面结构进一步优化。在高层次人才引进培养方面，新增"国家百千万人才工程" 3 人、自治区"百人计划" 3 人，尤其是西夏学学科带头人杜建录成功入选教育部长江学者特聘教授，实现了自治区长江学者"零"的突破。同时，新增社会学、俄语、物流管理、新能源材料与器件、运动训练、学前教育、民族传统体育与武术等本科专业，学校办学规模和结构进一步优化。推行本科生大类招生、

①胡鞍钢：《西部开发中的少数民族高等教育发展战略》，《研究动态》,2010 年第 8 期。

大类培养，教学改革深入推进；实施国家级、自治区级、校级"本科教学工程"项目2552项，构建了完整的学生创业创新训练体系，学生在全国"挑战杯"系列竞赛、国际水中机器人大赛等国内外重大比赛中屡创佳绩。实现了全国优秀博士学位研究提名"零"的突破。本科生录取分数逐年提高，新生报到率连续5年保持97%以上，生源质量明显提升，学校声誉、影响力不断提高。毕业生就业率保持在91%以上，宁夏大学2012年荣获"全区普通高等学校毕业生就业工作先进集体"，2015年荣获"全国毕业生就业典型经验高校"。

（3）学科重点研究领域产出了一批具有显示度的学术成果

宁夏大学面向盐碱地改良、生态治理、设施园艺、葡萄与葡萄酒、红枣、中草药等产业领域，加强优势特色学科建设，研发转化了一批自治区产业发展急需的关键技术成果，为宁夏经济社会发展、生态环境保护发挥了重要支撑和引领作用。

"在旱作农业节水领域，围绕西北干旱地区旱作节水、保护性耕作等科技需求，水利水电工程学科承担了一批重大科技计划项目，通过技术研发和推广应用，取得了明显的效果，三年累计共增加收益6.5亿元，为宁夏六盘山引水工程和大柳树水利枢纽工程提供了用水定额依据，减少了风蚀，保护了环境，促进了旱作节水耕作地的生态系统向良性方向发展。"①

在生态治理领域，草业科学与生态工程学科通过资源高效利用与生态环境安全重大问题研究等国家和地区科技计划项目支持与生态建设决策研究，建立了贺兰山森林荒漠、黄河湿地、农田

①施正一：《中国西部民族地区经济研究》，民族出版社，2009年，第132页。

防护林及盐碱地改良 4 个国家级和区级野外生态观测台站，提高了生态学连续、规范、精确的实验监测能力，为地区经济社会发展和政府决策提供了重要的理论支撑。在盐碱地改良方面，系列技术成果示范推广 6730 公顷，处理电厂脱硫废弃物 18 万吨，年直接新增产值 5.5 亿元，惠益 35 万多农民，并已经辐射到内蒙古、青海、黑龙江、吉林等省区，为保障宁夏乃至国家粮食安全提供了重要支撑。

食品工程学科成功研制出红枣自动分级分选机第四代产品并示范推广，极大地提高了劳动生产率，为宁夏及周边地区红枣产业快速发展提供了有力的技术支撑；园艺学科在设施农业方面筛选推广设施园艺新品种 96 个，制定地方技术标准 17 项，推广示范新技术累计 15 万亩，新增设施蔬菜产量 1.48 亿公斤，累计实现经济效益 1.8 亿元，为基层培养各类技术人员和农民累计达 3.6 万人次，为宁夏设施农业产业技术升级、人才储备提供了强有力的支持；马铃薯种薯储运保鲜综合技术在固原地区推广应用，建设储藏窖 1000 余座，年贮藏量可达 10 万吨以上；高品质干红葡萄酒生产新工艺的技术研发成果已成功在贺兰山东麓多家酒庄应用，提升了宁夏高品质葡萄酒的研发和生产能力。

在西夏历史与文化、回族历史与文化、民族社会学、民族伦理学等重点研究领域完成学术专著 20 余部。人文学院胡玉冰教授著作《西夏书校补》荣登中华书局 2014 年度古籍整理类"十佳好书"榜首。西夏学学科团队参与自治区党委宣传部策划制作的纪录片《神秘的西夏》在中央电视台热播，引起了社会各界广泛好评。

（4）人才培养国际化水平提升，人才培养质量提高

草业科学与生态工程学科聘请新西兰梅西大学和新西兰皇家

草原研究所的教授和研究员承担研究生教学任务，扎实推进研究生国际化教育。

(5) 实验室和基地条件明显改善

通过项目建设，回族、西夏历史文化学科群购置了先进的多媒体设备和大量的学术文献、数据资料，筹建了民族学资料中心、影视人类学工作室、西夏成果展馆，所在单位图书资料室和特色文献文物数据库的建设初见成效。草业科学与生态工程学科的实验条件和研究手段进一步提高，形成了生态预警、退化生态恢复、草地管理和利用以及饲草育种和栽培等功能较为完整的专业实验室。

(6) 开展形式多样的学术交流活动

先后邀请新西兰皇家科学院、新西兰梅西大学、美国华盛顿州立大学、俄罗斯科学院、俄罗斯彼得堡大学的教授和一些国内高校、科研机构的知名专家学者来校开展学术讲座或进行合作研究，加强国际合作交流。围绕学科研究方向举办学术论坛和研修班，提高学科队伍的研究能力及学术素养。

(三) 宁夏大学招生和毕业情况

1. 招生情况

(1) 本科、预科、高职招生录取情况

宁夏大学 2012 年招生计划数为 5085 人，其中：本科 3925 人，本科预科 710 人，高职 450 人。录取期间因招生政策变化，增加了部分高职招生计划。实际录取数为 5181 人，其中：本科 3905 人，本科预科 710 人，高职 566 人；2013 年招生计划数为 4635 人，其中：本科 3970 人，本科预科 665 人。实际录取数为 4614 人，其中：3949 名本科，665 名本科预科；2014 年计划招生数为 4994 人，其中包括 4324 名本科生和 670 名本科预科生。实际录取数为 4995 人，其中包括本科 4352 人和本科预科 670 人。

(2) 研究生招生情况

2013 年全日制硕士招生 844 人，全日制博士招生 34 人；授予授予 858 人硕士学位，14 人博士学位。2014 年全日制硕士招生 905 人，全日制博士招生 38 人。授予 971 人硕士学位，12 人博士学位。

(3) 录取分数逐年提高，生源质量明显提升。

表 3-2　2013—2015 年宁夏大学区内录取最低分一览表

批次	科类	2013 年		2014 年		2015 年	
		分数线	最低分差	分数线	最低分差	分数线	最低分差
一本	文史	489	−15	484	−2	517	+2
	理工	440	−14	455	0	473	+11
二本	文史	453	+13	450	+14	486	+18
	理工	401	+4	417	0	440	+6
预科	文史	二本线下 11 分		二本线下 10 分		二本线下 7 分	
	理工	二本线下 13 分		二本线下 14 分		二本线下 10 分	

数据来源：宁夏大学"十二五"发展规划实施资料

今年，宁夏大学继续设立"优秀新生奖学金"，目的是吸引优秀考生。根据已有数据统计，宁夏大学生源质量逐年大幅提高。

2012 年新增社会学、运动训练专业；2013 年国际教育学院和新成立的葡萄酒学院开始国际化招生，同时新增和调整 5 个招生专业：物流管理、新能源材料与器件、人文地理与城乡规划、机械工程（卓越工程师班）、城乡规划；为顺应高等教育转型发展的

新形势，2014 年宁夏大学新增中卫校区，设立 5 个应用技术型本科专业开始招生。近些年来，学校综合实力不断增强，社会影响力不断扩大，社会美誉度不断提升。

2．毕业情况

（1）本科生生源中学生考研、出国、就业创业方面的主要成绩

表 3-3　宁夏大学 2012-2015 届毕业生升学情况统计表

届别	本科生		研究生	
	考研人数	考研率	考博人数	考博率
2011	369	10.78%	19	3.14%
2012	398	11.14%	24	3.21%
2013	395	11.12%	23	3.13%
2014	412	11.26%	28	3.59%
2015	432	11.58%	34	4.21%

数据来源：宁夏大学"十二五"发展规划实施资料

从上表可以看出，2012 年以来，宁夏大学本科生考研升学率稳中有升，保持在 11.12% 以上，研究生考博率最高达到 4.21%。其中 1525 名毕业生升入北京大学、清华大学、中国人民大学、吉林大学、中科院等 "211" "985" 高校或国家级科研院所继续深造，占升学总人数的 93.7%。

2012 年以来，宁夏大学出国人数共有 174 名，其中本科生 142 名，研究生 32 名，出国留学比例突破 1%。其中，出国总数中 36.7% 的学生赴阿联酋迪拜大学、苏丹喀土穆大学、埃及苏伊士运河大学等阿拉伯国家大学留学深造或面向中阿战略合作项目领域就业。2012 年以来，在大学生就业形势比较严峻的情况下，宁夏大学毕业生的就业率始终保持在 91% 以上，其中本科生就业率平

均达到93.9%，研究生就业率平均达到93.4%。

（2）人才贡献率

第一，本科层次人才对宁夏经济社会发展的贡献

表3-4　宁夏大学2011—2015届本科毕业生在宁夏地区就业情况统计表

届别	本科生			
	宁夏地区	西部地区（除宁夏）	中部地区	东部地区
2011	81.12%	4.11%	3.16%	6.83%
2012	82.2%	4.54%	3.27%	7.63%
2013	81.9%	4.65%	3.56%	7.01%
2014	84.6%	4.43%	3.01%	6.40%
2015	85.68%	4.67%	3.78%	7.14%

数据来源：宁夏大学"十二五"发展规划实施资料

从表3-4中可以看出，2012—2014届本科毕业生就业地域流向分析，宁夏大学80%以上的毕业生在宁夏地区就业。这说明，宁夏大学作为宁夏回族等少数民族集聚区的最高学府，一方面因少数民族风俗习惯原因，学生比较愿意在宁夏就业，更重要的是每年约10.26%的外省籍毕业生也选择在宁夏就业，由此表明宁夏大学对宁夏经济的发展起到了人才孵化器和筑巢引凤的效果。

第二，研究生层次人才对宁夏经济社会发展的贡献

从表3-5中可以看出，2011—2015届研究生就业地域流向分析，宁夏大学63%以上的毕业生在宁夏地区就业，此趋势还在不断增长中。这说明，在严峻的就业形势下，宁夏的就业形势相对趋好，其中18.34%的非宁夏籍毕业生选择留在宁夏择业，反映了宁夏打造丝绸之路经济带战略支点、构建内陆开放型经济试验区、建设国家向西开放战略高地对人才的较大吸引力。宁夏大学为宁

夏地方经济社会发展提供了不可替代的强有力的高层次人才保障。

表 3-5 宁夏大学 2011—2015 届研究生毕业生
在宁夏地区就业情况统计表

届别	研究生			
	宁夏地区	西部地区（除宁夏）	中部地区	东部地区
2011	62.7%	10.9%	4.26%	16.9%
2012	63.1%	11.3%	5.28%	17.3%
2013	64.2%	12.6%	4.71%	16.4%
2014	16.4%	8.22%	5.22%	16.8%
2015	68.4%	9.23%	6.14%	17.1%

数据来源：宁夏大学"十二五"发展规划实施资料

宁夏大学坚持将大学生就业创业工作放在突出位置，努力在校企互动上下功夫，在提升专业实力和学生竞争力上下功夫，在打造特色上下功夫，经过多年的不懈探索与努力，学生的就业能力和质量大幅提高，有力助推了学校发展。2015 年宁夏大学被教育部评为"全国毕业生就业典型经验高校"，这得益于国家全面深化改革、加快实施创新发展的战略；得益于宁夏积极打造丝绸之路经济带战略支点，构建内陆开放型经济试验区，建设国家向西开放战略高地的重要举措；也得益于宁夏大学充分发挥中西部高校提升综合实力建设项目，有效促进人才培养质量全面提升的一系列积极举措。

3. 本科生培养情况

"十二五"规划期间，宁夏大学改革思路是加强基础、强化实践、发展特长、注重创新、分流培养，着力"构建两个方案、完善两个体系、打造五个平台"。在优化专业结构、创新创业训练、强化实践教学环节、构建质量监督和反馈体现、树立良好的教风和学风、改革培养本科人才模式等诸多环节取得了积极的成效，人才培养质量明显提升。

一是积极探索多元化的人才培养模式。2012年宁夏大学获批教育部"卓越工程师教育培养计划"高校，2014年获批教育部"卓越农林人才教育培养计划"；2013年，与法国格勒诺布尔第二大学葡萄酒学院、宁夏金龙集团创新体制机制合作建设宁夏大学葡萄酒学院；2013年，还启动实施了大学英语分类滚动制教学改革。

二是优化专业结构，实施专业综合改革试点。制定《宁夏大学本科专业设置与管理办法（试行）》，实行专业的动态管理；形成招生、培养和就业的联动考核机制，实施专业准入制度，推行专业评估制度；2012年至2014年，宁夏大学共立项建设1个国家级本科专业改革试点专业，1门国家级精品资源共享课程，4个自治区级优势特色专业，5个自治区级重点建设专业。

三是形成国家、自治区、学校三位一体的大学生创新创业训练计划体系。2012年至2014年，累计实施1500余项各级、各类大学生创新创业训练计划项目，共有近8000人次参与，先后获得300余项各级、各类国家级学科竞赛、校外实践活动项目奖项。在全国三维数字化创新设计大赛、全国机器人大赛、全国航空航天模型竞标赛、全国大学生嵌入式物联网设计、全国大学生化工设计大赛等项目上取得了优异的成绩。

四是建立"基础、专业、创新、企业"的实验室建设体系。"十二五"期间，以学科群为基础，宁夏大学初步建立起四个层次的实验教学体系，包括基础实验室、专业实验室、创新实验室、

校企联合实验室。形成了由国家级实验示范中心（1个）、校级基础实验中心（9个）、院级实验平台（14个）、学生创新实验室（9个）、校企联合实验室（3个）、专业实验室构成的实验教学平台体系（93个），开设实验课程376门，实验项目达2960个。

五是构建人才培养的质量监督与反馈体系。实施了各学院目标责任制，制订了《宁夏大学学院目标考核责任制》；实行学校和学院两级考核督导责任制，认真落实以课堂教学为主要监评内容的学生评教体系，积极发挥教学监督和评价作用，建立包括学生、督导、同行和教学管理人员在内的"四位一体"的课堂教学质量评价体系。

六是全面推进学风、教风的好转。稳步推进师德建设，引导教师潜心教书育人；修订《宁夏大学学生考试违规处理办法》《宁夏大学本科学生学籍管理规定》《宁夏大学学士学位授予办法》等系列制度文件；建立教师教学发展中心，加强培训与轮训教师，尤其是新聘教学岗教师；加强落实《关于教授、副教授承担本科生课程的若干规定》，鼓励优秀教师走进本科一年级学生课堂。

（四）继续教育情况

1. 办学渠道不断拓宽，成人学历教育招生规模相对稳定

"十二五"期间，宁夏大学成人学院不断加大招生宣传力度，拓宽招生渠道，依托区内外50余个教学站（点），确保了招生规模稳定，年均招生在8000人左右。截至2014年7月，有在校成人学生20000余人。五年来，累计为社会输送本专科毕业生35000余人（其中函授、夜大30000余人，自学考试5000余人）。

2. 加强成人学历教育管理和教师队伍建设，保证教学质量

采取教学检查、教学评估、考试抽考等多种形式，成人学院加强了对教学站（点）的检查、监督和指导，保证了教学质量。多次提高教师待遇，建立健全教师档案，严格把好教师聘任关。完善了教师上岗培训机制，形成了一支相对稳定、适应成人教育的师资队伍和管理队伍。

3. 运用现代教育技术手段，逐步开展网络教育

一是搭建了成人教育在线学习平台，有效解决了成人学生的工学矛盾和对个性化学习的需求；二是成立了"信息技术服务部"，为学院在线学习平台建设提供支持和保障。

4. 稳步推进非学历教育，加强国家级专业技术人员继续教育基地建设

2013 年 8 月，宁夏大学获批国家级专业技术人员继续教育基地，经过两年多的建设已初具规模。制定了《宁夏大学国家级继续教育基地建设方案》和相关规章制度，启动了宁夏大学国家级专业技术人员继续教育基地职称申报系统和在线学习系统两个平台的建设，目前已投入使用，累计培训各类人员 16000 余人次。

5. 圆满完成高等职业教育工作

"十二五"期间，高等职业技术学院建设了一大批多功能专业实训室，为学生提供职业生涯规划测评服务，并购置了 5700 余册、总计 21 万元码洋的相关专业图书，辅助高职学生进行学习；同时学院注重强化培养专业实践和职业技能，与区内外多家大中型企事业单位、高星级酒店等建立了长期合作关系，学生的实习实训效果得到了大幅提高，实现了学校和用人单位的无缝对接。

历届毕业生一次性就业率均超过 95%，五年来共为社会输送 2000 余名专业技术型人才。

（五）网络教育情况

1. 网络学历教育招生与毕业情况

根据上海交通大学与宁夏大学达成的校际合作开办网络教育的有关协议，2003 年起利用现代远程教育技术，借助于上海交通大学的师资与技术优势，面向区内开展专升本网络学历教育，开设多个专业，包括市场营销、国际贸易、国际物流、会计学、工商管理、人力资源管理、行政管理等，服务宁夏地区发展。

2. 面向校内本科生开展网络教学情况

积极开展校际合作，创建优质教育资源共享体系，建设和集成了多模式、多渠道的现代远程教育平台。面向校内本科生开展了跨校网络和选修课网络学习，在修读上海交通大学第二学士学位专业课程的设置上，采用互联网、通信、面授、电视等多种形式，为学生提供各种优质学习资源，扩大优质教育资源的覆盖面，从而为学生提供多时空、多模式的数字化学习方式，促进学生学习兴趣的提高，进而获得更好的教学效果。2013 年 9 月，由远程教育学院申报的"基于移动学习的校际合作继续教育示范应用"项目，获得宁夏大学教学成果二等奖。2014 年 9 日，由三校（上海交通大学、宁夏大学、山东大学）联合申报的"东西部高校合作，运用移动学习技术推进民族地区继续教育示范应用"项目，获得上海市教学成果二等奖。

（六）民族预科教育基本情况

少数民族预科教育是高等教育的组成部分之一，在民族地区高等教育中有着举足轻重的作用。2015 年宁夏高等学校全体在校生 11.94 万人，其中少数民族学生 3.88 万人，占全体在校学生人数的 32.50%。针对少数民族学生文化底子和技能水平相对薄弱的特点，宁夏大学大力推动提高少数民族学生综合文化素质，增强少数民族学生各项技能的训练，为少数民族学生本科教育的专业学习奠定了扎实的基础。自 1989 年成立以来，宁夏大学民族预科学院总体定位和目标就是解放思想、科学发展、艰苦创业、开拓创新，加强基础设施建设和队伍建设，全面促进民族预科教育办学质量和管理水平提升，力争在特色鲜明、教育质量良好、在全国具有示范作用的民族预科生培养基地和全国民族团结进步等方面把预科学院建设成为一个示范性样板。近几年，随着国家发展民族地区经济和民族教育事业相关文件的出台，宁夏大学民族预科教育学院迎来了新的发展机遇和挑战。随着人才培养质量的需求和规模的扩大，学校也相应增加教育经费投入，保证人才培养质量，收到较好效果。

民族预科教育属于高等教育的特殊阶段和层次，其培养目标重点在于"强化基础、提高技能、拓展素质、适应教育"，开设的课程是完全依据《教育部关于印发〈普通高等学校少数民族预科班高层次骨干人才硕士研究生基础强化班管理办法〉的通知》(教民〔2010〕11 号)文件精神而进行基础知识课程的开设，其更多的是强调基础文化课程教学质量和基本技能训练提高。人才培养经费投入既包括教育教学及学生活动的投入，也包括教学实验设备的采购、教学设备的维护以及师资队伍建设等方面。近三年学校对预科教育经费的总体投入力度不断加大，改善教育教学环境，更新教学设备，保证教育教学的顺利开展和实施，奠定了完成预科教育各项任务目标的良好基础。

表 3-6　宁夏大学民族预科学院 2011—2015 年
教师队伍结构情况

年份	职称情况		学历情况	备注
	教授(人)	副教授(人)	博　士(人)	
2011	1	6	0	在读 2 人
2012	2	8	0	在读 3 人
2013	3	10	2	在读 2 人
2014	4	12	3	在读 2 人
2015	5	14	4	在读 3 人

数据来源:宁夏大学"十二五"发展规划实施资料

从上表可以看出,因青年教师偏多、学历层次较低,宁夏预科学院鼓励教师从事教育教学研究,提升科研能力,积极创造以"教研促教学"的教学氛围,有效提高了课堂教学质量和效果,确保预科人才培养质量和水平的大力提升。实践证明,教师的教学改革热情得到极大激发。

由于整体教学投入的增加,促进教学的同时也培养了良好的学术研究氛围,学院科研成果获得前所未有的突破,近五年科研成果统计如下表所示。

表 3-7　宁夏大学民族预科学院 2011—2015 年
科研成果情况统计表

年份	项目类别				经费资助(万元)
	国家级(项)	区级(项)	校级(项)	院级(项)	
2011	0	2	9	7	16
2012	0	3	14	8	18
2013	0	5	6	7	36.6
2014	1	8	5	6	88.2
2015	1	10	7	8	101.7

数据来源:宁夏大学"十二五"发展规划实施资料

2006年，宁夏大学民族预科教育学院成为全国首批获批的少数民族预科教育培养基地。以此为契机，学院加强内涵发展，深入开展教育教学改革，加大各类经费的投入，本着"强化学生基础，提高学生技能"的教育目标，开展了形式多样的爱国主义教育。基于"三个离不开""四个认同"的教育内容开展民族团结教育，不断促进少数民族学生整体素质的提高，为各类本科院校输送合格的预科生。今后预科学院也将坚决落实好少数民族教育政策，加大教育教学改革力度和经费投入，为创建一流的预科基地创造条件。

（七）教师结构和师资队伍

"十二五"期间，学校制定出台了《宁夏大学人才引进与管理办法》和《宁夏大学师资培养与管理办法》。宁夏大学现有教职工2636人，专任教师总数由"十一五"末的1419人增至1595人，占教职工总数的60.4%；专任教师中，博士比例由16.1%增至30.6%，高级职称人员比例由50%增至61%，有海外经历人员比例由10%增至19.3%；学缘结构中，本校毕业人数由36.1%降低为31%。培养"长江学者"特聘教授1人，入选国家"百千万人才工程"6人，入选教育部"新世纪优秀人才支持计划"2人，入选自治区"新世纪313人才工程"3人；新增国家"万人计划"哲学社会科学领军人才1人，获得国家"有突出贡献中青年专家"称号1人，享受国务院政府特殊津贴4人，全国宣传文化系统"四个一批"1人，教育部全国普通高校学科教学指导委员会委员4人，自治区"塞上英才"工程3人，自治区特殊津贴5人，"自治区特聘专家"19人，自治区"海外引才百人计划"6人，自治区"国内引才312计划"8人，柔性引进院士12人；新增自治区院士工作站 6 个，博士后科研流动站 1 个，自治区人才高地 3 个。技术支撑队伍和党政管理队伍的学历结构明显改善，队伍整体素质稳步提升。尤其 2012 年学校被列入教育部"中西部高校提升综合实力"建设行列以来，学校的师资队伍建设取得了显著成效，高层次人才储备和入选高端人才称号有了突破性进展，为自治区"破解两个难题"的要求和学校内涵式建设提供了一定的人才基础。

表 3-8　宁夏大学师资队伍建设情况

类别	建设情况	备注
高层次人才队伍建设	出台《宁夏大学人才引进与管理办法》（宁大党发〔2012〕29 号）	
	柔性引进院士 12 人	
	培养"长江学者"特聘教授	1 人
	入选国家"百千万人才工程"	6 人
	入选教育部"新世纪优秀人才支持计划"	2 人
	入选自治区"新世纪 313 人才工程"	3 人
	新增人才称号：1 人为国家"万人计划"哲学社会科学领军人才；1 人为国家"有突出贡献中青年专家"；4 人享受国务院特殊津贴；全国宣传文化系统"四个一批"1 人；教育部全国普通高校学科教学指导委员会委员 4 人；3 人入选自治区"塞上英才"工程；5 人享受自治区特殊津贴；19 人享受"自治区特聘专家"；6 人入选自治区"海外引才百人计划"；8 人入选自治区"国内引才 312 计划"。新增团队：自治区院士工作站 6 个；博士后科研流动站 1 个；自治区人才高地 3 个。	未列入"十二五"目标而新增的人才称号和团队。编办 2012 年核减编制 145 个

续 表

专任教 师队伍 建设	专任教师由 1419 人增至 1595 人	
	出台《宁夏大学师资培养与管理办法》（宁大校发〔2012〕277 号）	
	专任教师中有海外经历人员比例由 10%增长为 19.3%	
	专任教师中博士比例由 16.1%增长为 30.6%，加上 2015 年毕业的在读博士将达到 32.3%。专职教学科研人员中博士比例达到 34.9%	
	专任教师中具有高级职称人员比例由 50%增至 61%	
	专任教师中学缘结构进一步优化，本校毕业人员由 36.1%降至 31%	

数据来源：宁夏大学"十二五"发展规划实施资料

第一，人才队伍建设和人才聚集作用显著。

1. 院士后备人才培养效果显著

2012 年以来，学校不断加大对院士后备人才的培养和支持力度，先后推荐 2 名教授作为宁夏大学院士候选人推荐人选。2015 年，田军仓教授作为中国工程院院士增选有效候选人，且为宁夏地区唯一一位进入此遴选环节的候选人。该同志曾荣获"国家科技进步二等奖"，使宁夏大学在该奖项上实现了"零"的突破，并获得个人的"何梁何利基金科学与技术创新奖"，更使宁夏自该奖设立以来实现了"零"的突破。其科研成果在技术推广方面，共计增收节支 2.4 亿多元，为宁夏经济社会发展和学校科研水平的提升作出了巨大贡献。

2. 长江学者特聘教授取得"零"的突破

2013 年，宁夏大学杜建录研究员成功获批"长江学者特聘教授"，杜建录也因此成为宁夏大学乃至全区的第一个入选者。"零"的突破促进了学校西夏学研究在国内外学术竞争力的显著提升，也为宁夏大学优势特色学科建设提供了人才保障。

3. 首批入选国家"万人计划"哲学社会科学领军人才

国家"万人计划"哲学社会科学领军人才，是重点支持国家科技发展和产业发展急需紧缺的创新创业人才，面向国内高层次人才的支持计划。2014 年，宁夏大学马宗保教授首批入选国家"万人计划"哲学社会科学领军人才。首批有 94 名学者入选，宁夏共有 2 名入选者，马宗保教授的入选，也同样标志着宁夏大学在领军人才培养机制方面取得了重要进展。

4. 围绕关键领域，海外引才见成效

2012 年，宁夏大学出台了《宁夏大学人才引进与管理办法》和《宁夏大学师资培养与管理办法》，目的是为人才引进和培养提供更积极的政策环境和实施学校"人才强校"战略。同年，学校利用新政策，重点引进了在日本九州大学任职的陈任教授。陈任教授在利用转基因技术培育聚异戊二烯——天然橡胶工业原料植物领域处于国际前沿水平。利用转基因植物（如杜仲）生产的反式橡胶是一种皮革状的坚韧物质，因绝缘性好，具有耐磨、耐酸碱、抗撞击等特点，在制造海底电缆、工业填充材料、精密仪器等方面的应用前景不可估量，而世界上能生产反式橡胶的植物极少，能在亚热带、温带乃至寒带栽培的只有杜仲一种。宁夏的自然环境很适合杜仲的种植，通过引进陈任教授，利用西北地区丰富的植物资源，建立了一套简便、经济、高效的生产反式橡胶的新方法，达到了多层次综合利用植物资源的目的，对促进宁夏经济建设和社会发展具有重要意义。

宁夏大学在"十二五"规划期间，为满足人才需求，依照国务院《关于加快培育和发展战略性新兴产业的决定》，从全区经济发展的实际需求出发，将先进装备制造、新能源、新材料、生物发酵、节能环保、新一代信息技术六大产业进一步确定为宁夏战略性新兴产业的最新发展方向。2013年，宁夏大学从新加坡国立大学引进王海龙博士。王海龙博士长期从事新材料领域的研究工作，特别在新型富锂硅酸盐正极材料的开发研究、高压正极材料的开发研究、具有三维微纳结构的全固态薄膜锂电池制造技术的开发研究等具体研究方向上具有清晰的研究思路和一定的研究基础。王海龙博士的引进对宁夏大学乃至宁夏发展新能源产业起到了积极的促进作用。

5. 人才队伍结构不断优化，具有博士学位教师比例显著提升

现有专职教学科研人员中，学校高级职称比例由2012年的55%增加为64.7%，具有硕士学位以上教师比例由53%增长为87.2%，其中具有博士学位教师的比例由15.9%增长为33.1%。目前，宁夏高校教师中共有博士810人，其中宁夏大学有488人，占全区博士总数的60%以上。2012年以来，学校共培养引进博士211人，占全校博士生总数的43%；191名在读博士中，85%就读于"985"和"211"高校，学缘结构不断优化。

表3-9　宁夏大学专任教师情况统计表

类别项目	性别结构		年龄结构				学历结构			职称结构				学缘结构		
	男	女	40岁以下	41-50岁	41-50岁	56岁以上	博士	硕士	本科以下	正高	副高	中级	初级以下	本校	国内其他院校	国内其他院校
人数	784	811	789	498	227	81	488	914	193	374	599	516	106	495	1027	73
比例(%)	49.2	50.8	49.5	31.2	14.2	5.1	30.6	57.3	12.1	23.4	37.6	32.4	6.6	31.0	64.4	4.6

数据来源：宁夏大学"十二五"发展规划实施资料

6. 教师队伍国际化水平显著提升

2009—2011 年，学校以国家公派为主要途径，共派出海外研修人员 48 人；2012 年以来，共派出 141 人（含 4 个教学科研团队），除国家公派的 57 人外，"中西部高校提升综合实力"建设项目的实施使同比派出人数增长了近 2 倍。现有博士人员中，具有海外学位者 22 人，2012 年以来新增 10 人。目前，学校具有海外经历人数比例达到 18%，相比 2012 年增长了 8 个百分点。

第二，人才载体建设成效显著

1. 人才高地。2012 年，宁夏首批设立了 20 个自治区级人才高地，其中以高校为载体建设的有 3 个，且均属宁夏大学。获批建设的人才高地专业领域涉及功能材料与工业催化、西夏学、回族学，首席专家分别为工程院院士李灿、长江学者特聘教授杜建录、国家"万人计划"教学名师杨圣敏。在专家团队的指导和帮助下，人才高地中的科研骨干共成功申报省部级以上科研项目 60 余项，组织开展了 70 余场主题报告会，聚集、吸引和造就了一批高层次领军后备人才，促进了重点学科和优势特色专业的快速发展。

2. 博士后科研流动站。宁夏回族自治区现有 15 个博士后科研流动站和工作站，其中有 3 个博士后科研流动站以宁夏大学为依托单位，包括水利工程、民族学、草学。2012 年以来新增草学博士后科研流动站，新增 3 名博士后，获批博士后科学基金特别资助项目 1 人，申报立项 7 个省部级以上科研项目，新增入选教育部新世纪优秀人才支持计划 1 人。博士后科研流动站的设立为宁夏大学吸引、造就和使用高层次，特别是创新型优秀人才，建立了灵活的人才流动机制，有效促进了产学研的结合。

表3–10　宁夏大学各类高层次人才及团队统计表

类别		全区在职数量(人)	宁夏大学现状	
			现有数(人)	占全区比例(%)
各级各类高层次人才	长江学者特聘教授	1	1	100
	国家有突出贡献的中青年专家	5	2	40
	国务院特殊津贴	188	19	10
	国家"万人计划"哲学社会科学领军人才	2	1	50
	"百千万人才工程"国家级人选	17	7	41
	柔性引进院士	110	26	24
	柔性引进国内外知名专家	193	27	14
	教育部普通高校学科教学指导委员会委员	9	4	44
	自治区政府特殊津贴	240	17	7
	自治区"塞上英才"工程	41	3	7
	自治区"海外引才百人计划"	36	10	28
	自治区"国内引才312计划"	26	8	31
	博士	810	488	60
人才载体	博士后科研流动站	3	3	100
	自治区级院士工作站	41	11	27
	自治区级人才高地	20	3	15

数据来源:宁夏大学"十二五"发展规划实施资料

　　3．院士工作站。自治区利用41个院士工作站共柔性引进110名院士，其中，以宁夏大学为依托设站11个，有26名在站院士，柔性引进27名国内外知名专家。设站专业领域涉及能源化工、生态恢复、土木与水利、生物技术、设施农业、草畜产业、优势作物、食品质量与安全、智能沙漠研究、经济地理与区域发展、循环经济技术研究等自治区战略性产业发展方向。2012年以来，宁夏大

学新增院士工作站 5 个、院士 11 名、国内外知名专家 11 名，2 个院士工作站受到自治区政府表彰。在政府推动和院士专家的实质性参与下，开展了 60 余次重大关键性和共性技术咨询，组织了 30 余场院士专场报告会。院士工作站的运行，搭建了宁夏大学人才工作的高层次科技创新平台，有效破解了培养科技创新型人才、攻关重大科技项目的瓶颈难题，为宁夏大学，甚至为宁夏经济社会发展提供了人才、技术和产业支撑。

（八）实验室、专业和课程

1．2011—2014 年国家级、自治区级实验教学示范中心、大学生校外实践教育基地建设情况

表 3-11　宁夏大学自治区级实验教学示范中心、大学生
校外实践教育基地立项统计表

序号	项目名称	批准年度	具体名称（单位）	经费（万元）
1	自治区级实验教学示范中心	2011	宁夏大学农科实践实训教学示范中心（农学院）	2013 年 10 万元 2014 年 10 万元
2	自治区级大学生校外实践教育基地	2012	宁夏大学物联网技术工程实践教育中心（物理电气信息学院）	2013 年 10 万元 2014 年 10 万元
3	自治区级大学生校外实践教育基地	2013	宁夏大学法学专业实践教育基地（政法学院）	2013 年 10 万元 2014 年 10 万元
4	自治区级大学生校外实践教育基地	2014	宁夏大学葡萄酒专业实践教育基地（葡萄酒学院）	2014 年 10 万元
5	自治区级大学生校外实践教育基地	2014	宁夏大学会计学专业实践教育基地（经济管理学院）	2014 年 10 万元

2011—2015 年，宁夏大学共建成 1 个国家级大学生校外实践教育基地，建成 1 个自治区级实验教学示范中心，累计投入 20 万

元建设经费；建成 4 个自治区级大学生校外实践教育基地，累计投入 60 万元建设经费。上述项目的启动实施，使得宁夏大学本科实践教学环节得到了极大改善，对于培育学生自主学习能力、实践动手能力、创新创业能力发挥了重要作用。研究生培养单位校内外实习实践基地 28 个。

2. 专业、课程建设情况

2011—2015 年，宁夏大学共立项建设了 1 个国家级本科专业改革试点专业，1 门国家级精品资源共享课程，共投入 10 万元经费。立项建设了 4 个自治区级优势特色专业，5 个自治区级重点建设专业，3 门自治区级精品课程，4 门自治区级资源共享精品课程，2 门自治区级精品视频公开课，4 门自治区级优质公开课，累计投入 472 万元建设经费。

2013 年宁夏大学利用"一省一校"项目启动了校内课程建设，建设了专业基础课、专业课 80 门，每门 0.5 万元；2014 年建设了 4 门通识教育选修课程，每门 1 万元；建设了 3 门通识教育精品资源共享课程，每门 3 万元；建设了 103 门专业核心课程，每门 0.5 万元。两年共计建设课程 183 门，经费共计 104.5 万元。2012 年以来，学校根据发展需要，投入 75 万元引进了 180 门尔雅课程；组建了新闻传播学院、阿拉伯学院、葡萄酒学院、宁夏大学中卫校区、中国阿拉伯研究院、新农村发展研究院等一批学院、研究院，新增一级学科博士学位授权专业 5 个、一级学科硕士学位授权专业 25 个，学科数量大幅增加，结构布局明显优化；积极推进"211 工程"三期建设，实现了国家重点学科"零"的突破，新增自治区重点学科 9 个、自治区优势特色学科 8 个、校级重点学科 20 个，构建了完善的重点学科体系。

上述项目的启动实施，对于宁夏大学进一步构建优势明显、应用特色鲜明的专业体系，不断改革教学内容、教学方法和考核方式，提高课堂教学水平发挥了重要的支撑作用。

表3-12 宁夏大学2012—2014年自治区级优势
特色专业、精品课程立项统计表

项目名称	批准年度	具体名称（单位）	经费（万元）
优势特色专业	2012	电气工程与自动化	4
		化学教育	4
		美术学	4
		动物科学	4
精品课程	2012	家畜育种学	6
		化工工程制图	6
		细胞生物学	6
精品视频公开课	2012	形式与政策	10
		现代教育技术	10
优质公开课	2012	中国民族理论与实践	4
		园林规划设计	4
		化学工艺学	4
		计算机通信网	4
重点建设专业	2013	会计学	10
		机械制造及其自动化	10
资源共享精品课程	2013	现代教育技术应用	3
		化学微格教学	3
		现代通信原理	3
		植物生理学	3
重点建设专业	2014	美术学	10
		食品科学与工程	10
		新闻学	10
	2015	美术学	10

数据来源：宁夏大学"十二五"发展规划实施资料

3. 学位点建设情况

(1) 博士研究生授权专业情况。宁夏大学现有博士学位授权一级学科 5 个，二级学科 26 个，其中 18 个为目录内，8 个为目录外学科。目前已经有 18 个（含草学一级学科）专业在进行招生，分别是：民族学、中国少数民族经济、中国少数民族史、民族社会学、民族心理与民族教育、西北民族地区语言文学与文献、民族地区公共管理、计算数学、应用数学、水文学及水资源、水工结构工程、水利水电工程、水资源利用与化学工程、土水工程与计算科学、动物遗传育种与繁殖、动物生产系统与工程、动物生物技术和草学。

(2) 硕士研究生专业设置情况。宁夏大学现有硕士学位一级学科 27 个、二级学科 163 个，其中 148 个（不含草学）属目录内，14 个属目录外，已经有 86 个二级学科在进行招生。学校现有专业学位授权点 8 个，学科授权领域 20 个，实现学位点各学院、科研单位全覆盖。

(九) 宁夏大学 2012—2014 年承担各级各类科研项目情况

1. 宁夏大学 2012—2014 年共承担各级各类科研项目（不含校级）1024 项，获得科研总经费近 2.7 亿元。共承担各类纵向科研项目 974 项，资助经费近 2.3 亿元，占总经费的 85.4%；共承担各类横向科研项目 351 项，资助经费 3976 万元，占总经费的 14.6%。

2. 宁夏大学 2012—2014 年共承担国家级项目 363 项，资助经费 17317 万元，占总经费的 63.5%；承担部委级项目 37 项，资助经费 406.5 万元，占总经费的 1.1%；共获得自治区成果转化、科技支撑和自然科学基金、国际合作等自治区级立项 447 项，立项经费 5319.6 万元，占总经费的 19.5%；宁夏高校科研项目等厅

级立项 177 项，资助经费 349.4 万元，占总经费的 1.3%。

表 3-13 宁夏大学 2012—2014 年度不同级别项目立项情况

（单位：万元）

年度	国家级立项数	资助经费及所占总经费比例	部委级立项数	资助经费	自治区级立项数	资助经费及所占总经费比例	厅级立项数	资助经费及所占总经费比例
2012	122	5416.5（62%）	12	150	138	1577.2（17.9%）	58	118.9（48.8%）
2013	115	7651.5（64%）	14	115.5	186	2383.8（20%）	52	102.5（50.7%）
2014	126	4249（64.7%）	11	141	123	1358.6（20.1%）	67	128（52.3%）

数据来源：宁夏大学"十二五"发展规划实施资料

3．宁夏大学校级科研项目及经费投入情况

宁夏大学设立了自然科学基金、社科基金、科技开发基金和出版基金等校级科学基金项目，每年投入宁夏自然科学基金重点项目和高校项目等纵向课堂配套经费 290 万元，主要用于鼓励年轻硕士、博士开展基础研究和应用开发研究。

4．科研课题结题验收项目情况

宁夏大学 2012—2014 年期间共结题验收项目 556 项，其中国家级和部委级结项 129 项；自治区级结项 327 项，包括 122 项宁夏自然科学基金项目，135 项自治区科技支撑计划项目，70 项哲学社科类项目；厅级结题项目主要是 106 项宁夏高校科学研究项目。

5．项目研究取得的各类科研成果情况

宁夏大学"十二五"期间科研经费总量达到 4.67 亿元，较"十一五"增加了 3.03 亿，增加了 184.8%。科研立项层次和质量不断提高，在国家科技支撑计划、国家人文社科重大招标等项目方面实现了突破。入选国家哲学社会科学成果文库 2 项；获全国优秀古籍图书奖二等奖 2 项、教育部科学研究优秀成果三等奖 1 项、宁夏社会科学突出贡献奖 1 项、自治区科技进步奖 23 项、宁夏社会科学优秀成果奖 106 项，自然科学优秀学术研究 199 篇；授权专利 138 项；发表核心研究 2470 篇，三大检索收录研究 514 篇；出版学术专著 313 部。新增教育部"长江学者和创新团队发展计划"团队 1 个、自治区科技创新团队 4 个、校级科技创新团队 8 个。获批国家级大学科技园、新农村发展研究院、教育部区域和国别研究培育基地——阿拉伯研究中心、宁夏沙漠信息智能感知重点实验室、宁夏光伏材料重点实验室、宁夏清真食品工程技术研究中心、阿拉伯世界与中国内陆向西开放自治区协同创新中心等 7 个科技创新平台，成立了中国阿拉伯研究院，科研创新平台规模扩大到 25 个，形成了国家级—省部级—校级科研创新平台建设体系。

宁夏大学 2011—2014 年共发表研究文章约 5200 篇（SCI、SCIE、EI、CPCIS 统计滞后一年），其中 SCI 78 篇，SCIE 106 篇，EI 67 篇，CPCIS 94 篇，国内一级 131 篇，核心 2798 篇，一般研究 1926 篇，共出版著作 312 部。其中，由宁夏大学"211 学科"建设和科研项目经费资助出版的有 66 部，学校共获得专利授权 55 项，其中实用新型专利 32 项，发明专利 23 项；计算机软件著作权 18 项，共获得 15 项自治区科技进步奖，其中，二等奖 7 项，三等奖 7 项。哲学社科类只有"宁夏第二次社会科学突出贡献奖和第十二届社会科学优秀成果奖"评奖，宁夏大学共获得突出贡献奖 1 项，17 部著作获奖，2 篇研究报告获奖，47 项研究获奖。

表 3-14　宁夏大学 2012—2014 年科研成果获

自治区科技进步奖情况表

序号	获奖名称	第一完成人	获奖年度	获奖等级	项目来源
1	牛羊三种重要传染病基因工程苗及免疫学特性研究	王玉炯	2012	二等奖	国家自然科学基金项目
2	枸杞中活性成分AA-2＆G抗癌功效研究	王玉炯	2012	二等奖	国家科技支撑课题
3	黄河河套地区盐碱地改良及脱硫废弃物资源化利用关键技术研究与示范	许兴	2012	二等奖	国家科技支撑课题
4	宁夏中部干旱风沙区农田覆盖固土保水耕作技术体系研究与示范	许强	2012	二等奖	国家科技支撑计划
5	红枣计算机图像处理快速无损检测自动分级机	何建国	2013	二等奖	自治区国际合作项目
6	固原鸡抗寒性状 QTL 的定位研究	孙兆军	2013	二等奖	国家自然科学基金项目
7	宁夏罗山植物、昆虫及植被恢复研究	曹兵	2013	三等奖	横向委托项目
8	酿酒葡萄材料覆盖防寒及配套省工栽培技术研究	张光弟	2013	三等奖	自治区科技支撑计划
9	压砂地西甜瓜水肥高效利用研究与持续利用集成示范	田军仓	2014	一等奖	国家科技支撑计划
10	强震区大跨度钢管结构关键技术及应用	杨文伟	2014	二等奖	国家自然科学基金项目
11	抗生素药渣处理及其高值转化与利用	马玉龙	2014	三等奖	自治区科技支撑计划
12	高容量、亲疏水性可控制新型吸附材料制备新方法和吸附性研究	龚波林	2014	三等奖	国家"973计划"前期预研等项目
13	河套灌区宜林荒地植被快速恢复关键技术	李茜	2014	三等奖	自治区科技支撑计划等项目
14	车载全塑化节水补灌设备研制与示范	韩磊	2014	三等奖	自治区科技支撑计划等项目
15	酿酒葡萄抗寒优质栽培技术	王振平	2014	三等奖	自治区科技支撑计划等项目

数据来源:宁夏大学"十二五"发展规划实施资料

（十）产学研合作与社会服务情况

宁夏大学重点在盐碱地改良、生态治理、设施园艺、葡萄与葡萄酒、红枣、中草药等优势特色产业方面，通过与共享集团、神华宁煤集团、宝丰能源、宁夏发电集团、宁夏灵武果业等上百家企业的深度合作攻关，研发转化了一批自治区产业发展急需的关键技术成果，为宁夏经济社会发展、生态环境保护发挥了重要的支撑和引领作用。同时，承担横向合作项目652项，经费7380万元，较"十一五"增加了4545万元，增长率达到160.3%。先后与区内外120多家企业签署技术合作协议；组织科技培训千余场次，编写实用教材30余种，受训4万余人次；100余名专家教授受聘自治区级顾问咨询专家，完成150余项咨询规划研究任务；推广转化科技成果、技术10余项；入选国家现代农业奶牛产业、葡萄产业岗位科学家2名，自治区党委专家服务团成员8名，自治区现代农业科技示范园区首席专家8名、专家团成员28名、自治区科技特派员15名、自治区科技扶贫指导员13名、"三区"科技人才44名；构建了全方位的校企合作关系，创新了"总部+多功能服务基地+分布式站点"的"学校到生产一线"的综合服务模式。

在工业领域，围绕建设国家重要的能源加工和转化战略贮备基地和战略新兴产业基地，学校通过天然气转化省部共建国家重点实验室培育基地和宁东煤化工资源循环利用国家地方联合工程实验室的建设，集中力量研发"联合开发大型铸钢件用新型树脂、固化剂""锰酸锂正极材料的研制"和"煤基替代能源中的高效催化剂的结构设计及其催化"等一批成果，为企业解决了关键性的技术难题。

在旱作农业节水领域，围绕西北干旱地区旱作节水、保护性耕作等方面承担了一批重大科技计划项目，通过技术研发和推广应用取得了明显的效果。三年累计增加效益 6.5 亿元，为宁夏六盘山引水工程和大柳树水利枢纽工程提供了用水定额依据，减少了风蚀，保护了环境，促进了旱作节水耕作地的生态系统向良性方向发展。

在生态治理领域，通过"资源高效利用与生态环境安全重大问题研究"等国家和地区科技计划项目支持，深入开展草地资源生态与环境、土地退化机理与荒漠化防治、水资源与水环境、生态经济与生态建设决策研究，建立了贺兰山森林荒漠、黄河湿地、农田防护林及盐碱地改良 4 个国家级和区级野外生态观测台站，提高了生态学连续、规范、精确的实验监测能力，为地区经济社会发展和政府决策提供了重要的理论支撑。在盐碱地改良方面，承担了 10 余项国家和地方重大支撑项目，研制出我国第一套脱硫石膏撒施技术装备，市场价格与国外同类产品相比降低 1/3 以上，填补了国内空白，系列技术成果示范推广 6730 公顷；处理电厂脱硫废弃物 18 万吨，年直接新增产值 5.5 亿元，惠益 35 万多农民，并已辐射到内蒙古、青海、黑龙江、吉林等省区，为保障宁夏乃至国家粮食安全提供了重要支撑。

在优势特色产业领域，通过国家科技支撑计划课题的支持，成功研制出红枣自动分级分选机第四代产品并示范推广，获得 7 项国家实用新型专利，极大地提高了劳动生产率，为宁夏及周边地区红枣产业快速发展提供了有力的技术支持；设施农业方面在 12 项重大研发项目支持下，筛选推广设施园艺新品种 96 个，制定地方技术标准 17 项，推广示范新技术累计 15 万亩，新增设施蔬菜产量 1.48 亿公斤，累计实现经济效益 1.8 亿元，为基层培养各类技术人员和农民累计达 3.6 万人次，为宁夏设施农业产业技术升级、人才储备提供了强有力的支持；马铃薯种薯储运保鲜综合技术在固原地区推广应用，建设储藏窖 1000 余座，年贮藏量可达 10 万吨以上；高档干红葡萄酒生产新工艺的技术研发成果已成功被加贝兰、智辉源石、森淼酒庄、特步德酒庄等应用，提升了宁夏高档葡萄酒的研发能力。通过合作研发推广异育银鲫"中科 3 号"湖泊套养技术、湖塘肉食性鱼类增养殖技术和沿黄湖泊湿地大面积生态修复与渔业健康增（养）殖技术，使草鱼商品鱼养殖周期由 3 年缩短到 20 个月，实现年平均利润 4545 元 / 亩，每亩增收 1800 元，取得了显著经济效益。

在科技服务地方方面，学校整合优化人力资源，组建了设施园艺、优质粮食与制种、优质牧草、牛羊健康养殖与疫病防控、红枣产业、葡萄产业、苹果产业、特色农产品加工与清真食品、旱作农业与保护性耕作、马铃薯、农业病虫害防治、农业科技培训等 13 个科技服务团，全方位为宁夏现代农业发展服务；共有 65 名教授、副教授分别入选现代农业奶牛产业、农业部葡萄产业岗位科学家，自治区党委专家服务团、自治区农业特色优势产业岗位首席专家，自治区现代农业科技示范园区首席专家，自治区 120 个现代农业科技示范园区的专家团、自治区科技扶贫指导员和自治区科技特派员。通过带项目、带团队、带成果和进基地、进企业、进园区的"三带三进"服务模式，先后建成科技示范园区 7 个，形成、推广技术成果 9 项和技术集成模式 5 个，建成 14250 余亩科技示范基地，辐射推广 138 万余亩，培训 260 余名农业技术人员、7000 余名农民。

在政策咨询方面，学校创办了《决策参考》和《重大现实问题研究报告》，为自治区党委、政府提供决策服务。同时，承担并完成了宁夏生态文明中长期规划、宁夏生态移民系列规划、宁夏沿黄经济区城市带发展系列规划、宁夏环境保护系列规划、宁夏现代物流产业发展规划等涉及区域经济社会环境持续发展的重大引领性规划；研究提供了阿拉伯国家信息手册、宁夏清真食品国际认证中心建设咨询、宁夏"十三五"工业经济转型升级研究咨询等涉及重大结构调整、战略重点和宏观布局决策的非常有价值的咨询报告；开展了宁夏绿色发展与绿色减贫研究，宁夏各界对阿拉伯国家的了解、认识与评价研究，回族非物质文化遗产保护、回族文化旅游资源开发、宁夏与丝绸之路经济带沿线国家战略合作重大问题研究，银川市城市形象设计中的民族特色等方面的对策研究，为自治区党委、政府及各市县科学决策起到了非常重要的作用。

(十一) 对外交流合作工作情况

宁夏大学在积极推进与上海交通大学对口支援的基础上，借助自治区与浙江、福建、陕西开展省区合作的机遇，先后与浙江大学、厦门大学、西北农林科技大学、西安电子科技大学建立了实质性合作关系。积极推进与宁夏师范学院联合办学，先后选派35名教师赴宁夏师范学院授课，接收338名学生来校访学，接收9名教师干部来校访学挂职，充分发挥了对区域高等教育的引领示范作用。与阿联酋迪拜大学合作建设了海湾国家首座孔子学院——迪拜大学孔子学院，开设了 HND 项目国际课程班，与法国格勒诺布尔第二大学、美国密苏里州立大学、埃及苏伊士运河大学、埃及亚历山大大学、马来西亚彭亨大学等国外大学联合培养人才取得实质性突破，出国（境）访学学生数量大幅增加，形成了一些可推广、可复制的国际化办学新模式。

（十二）师资民生工作落实情况

学校进一步加大收入分配制度改革，出台了《宁夏大学绩效工资分配方案》，教职工收入明显增加。与"十一五"末相比，职工收入净增长52.5%，其中工资性收入净增长55.8%，校内津贴性收入净增长45.3%。新建教职工公共租赁房500套，改善了宁大幼儿园的办学条件和校园通勤交通，实施了教职工大病医疗救助制度。

二、宁夏大学发展存在的不足之处

"十二五"期间，宁夏大学取得了举世瞩目的成就，基础设施发生了翻天覆地的变化，办学规模突飞猛进，校园焕然一新，办学体系进一步健全，师资水平大幅度提高，教育教学质量显著提升，办学思路更加清晰，显现出服务地方经济的巨大能力。但是，与发达省份的"985"重点高校及国内一流院校比较起来，宁夏大学还存在着较大的差距，高等教育的发展还面临着很多问题和挑战。

一是高等教育综合水平和质量尚有差距，还不能充分满足人民群众对高质量教育的需求。宁夏大学地处西北落后地区，自1958年建校以来，面临的问题归根结底还是发展不足，学科结构不合理，学科及学位点建设不平衡，基层学科组织弱，新兴学科及交叉学科发展缓慢，与建设西部一流大学、一流学科的要求差距较大。

二是高等教育与自治区经济社会发展需求不相适应，服务地方经济社会发展的能力不足；产学研结合不紧密，促进地方经济社会发展的能力不强。区内高校均处于封闭或半封闭状态，高校

之间、校企之间、科研院所之间的联系松散，人才培养与社会实际及产业发展联系不紧密，科学研究团队意识薄弱、协同创新能力不足，在国家级科研奖励等重大项目上未有突破，促进自治区经济社会发展的科技创新能力不足。

三是随着高等教育财政投入的不断增加，学校硬件设施虽然得到有效改善，但过度重视硬件投入却忽视了软件建设，导致国际视野不够强，现代高等教育水平需进一步提高。近年来，宁夏高校十分重视引进高端领军人才，但宁夏高校在两院院士、长江学者等拔尖人才培育和引进上仍无实质性突破，国家级高精尖人才数量严重不足，在全国具有影响力的专家、学者数量较少。高层次领军人才缺乏，中青年拔尖人才相对不足，与发达地区高校相比，在高层次人才规模、质量等方面存在明显差距，队伍结构需要进一步优化。学校激励机制不健全，教职员工学术创新活力不足。创新创业教育没有融入人才培养全过程，学生自主学习的积极性不高，协同育人机制不够健全，学风不强，教风不浓。

四是教育经费投入渠道单一，多元化教育经费分担机制还不健全。根据相关调研和数据统计分析，宁夏高校经费投入从财政性教育经费来看仍以预算内教育事业拨款为主，从非财政性教育经费来看学杂费收入已成为宁夏高校经费筹措的主要渠道。由于宁夏高校科研能力和社会集资能力欠缺，使得高校资金筹措机制较为单一。

第二节　宁夏财经职业技术学院取得的成就和不足之处

高等职业教育作为国家教育体系的重要组成部分，是推动经济发展、促进就业、改善民生的重要途径。教育部先后出台了《高等职业教育创新发展行动计划（2015—2018）》《关于深化职业教育教学改革全面提高人才培养质量的若干意见》《关于建立高等职业院校教学工作诊断与改进制度的通知》等重要文件，国家层面顶层设计初步完成，这无疑为高等职业教育的科学发展注入了磅礴动力。国家继续深入推进西部大开发，加大对民族地区、贫困地区全方位的支持，中国制造2025、互联网＋、精准扶贫战略、大众创业、万众创新、构建更加科学合理的人才结构等，都为高等职业教育的大发展带来了重要的历史机遇期，注入了强大的活力和动力，高等职业教育的潜力正在被激活，行动、创新、跨越成为高职院校发展的主基调。

同时，自治区党委、政府高度重视职业教育的发展，"十二五"期间职业教育实现了跨越发展，为自治区经济社会发展作出了重要贡献，高等职业教育成为保民生、促发展的重要力量。2014年，为进一步促进高等职业教育的发展，自治区党委、政府出台了《关于加快发展高等职业教育的意见》，明确了高等职业教育的发展路径，这是宁夏地区建设现代职业教育的纲领性文件。在此基础上，自治区党委、政府相继提出要打造"西部高等职业教育高地"战略构想，提出要发挥高等职业教育在国家教育体系中的关键作用，体现了自治区党委、政府对高等职业教育的高度重视。崔波副书记、姚爱兴副主席在多次到高等职业院校调研、视察工作时，反复强调宁夏高等职业院校要勇做宁夏职业教育的领头雁、排头兵。

"十三五"期间，宁夏将加快构建具有宁夏特色的现代职业教育体系，实施高等职业教育"双十"工程，在职业教育园区集中

打造 10 所国内一流的职业院校，在国际科教城打造 10 所国际合作职业院校。自治区党委、政府对高职教育发展的重视，对宁夏高等职业教育发挥示范引领作用的厚望，鞭策高等职业院校为宁夏经济社会发展作出更大的贡献。

《宁夏回族自治区产业转型升级和结构调整实施方案》提出的要建设布局合理、特色鲜明、集群发展、竞争力强的宁夏现代产业体系，为高等职业院校人才培养工作指明了方向，对高素质高技能人才的层次和培养规格提出了新的要求。高职院校作为高素质产业大军重要的培养力量，如何发挥自身优势，将人才培养与地主产业升级全方位对接，与经济社会发展深度契合，这对宁夏高等职业教育的发展提出了新的更高要求。

一、宁夏财经职业技术学院取得的成就

宁夏财经职业技术学院 2002 年经教育部批准成立，是全日制高等职业技术学院，由宁夏回族自治区人民政府主办、宁夏教育厅直接管理，前身是创建于 1959 年的宁夏财经学校，至今已有 54 年的办学历史。学院现位于宁夏职业教育园区，占地面积 577 亩，建筑面积 10.3 万平方米，教学用计算机 1500 台，建有区内一流的体育场和篮球场等运动设施；建有 17 个现代化校内综合模拟实训室和 2 个职业技能鉴定机构，校外实训基地 144 个。学院师资力量雄厚，现有 4585 名在校生，11 名教授，61 名副教授，高级专业技术职务教师达 52%，126 名"双师素质"教师，占全部教师的91%，聘请社会兼职教师 98 名，自治区教学名师 2 名，区级优秀教学团队 3 个。2007 年 6 月，宁夏财经职业技术学院参加教育部组织的高职高专院校人才培养水平评估，被评为优秀；2009 年获"国家示范院校建设单位"称号；2011 年顺利通过教育部、财政部

验收。学院下设金融系、会计系、经贸系、计算机科学系、外语系和思政部、基础部。为了适应宁夏区域经济发展需求，学院不断优化专业结构，根据宁夏经济发展方式转变和产业结构调整要求，进一步优化专业结构，建成以会计类专业群为核心、金融类专业群为主体、信息技术类专业群及经贸类专业群协调发展的专业布局体系。共有招生专业 16 个，专业方向 26 个，其中有 2 个国家示范院校建设专业，4 个自治区级重点建设专业。宁夏财经职业技术学院是宁夏 12 所高职院校中唯一一所以培养财经、金融类技术技能型专门人才为主的文科学院，也是区内仅有的 2 所国家"百所示范性高职院校"之一。国家示范性高职院校建设项目的顺利实施，促进了国家和地方对职业教育的投入，吸引了企业参与和社会关注，提升了职业教育地位，增强了人才培养和社会服务能力，形成了有序竞争、有效参与、联合办学和共同发展的良好局面。

"十二五"期间，宁夏财经职业技术学院在加快发展现代职业教育的大背景下，坚持把"立德树人"作为教育的根本任务，认真贯彻党的十八大，十八届三中、四中、五中全会精神，立足宁夏，面向全国，以改革创新为动力，以提升高素质高技能人才培养质量和服务水平、加快学校内涵发展为目的，各项事业持续、健康、快速发展，较好地实现了"十二五"规划预期目标，有效推进了区内高职院校的发展。目前，宁夏职教园区初具规模，园区内现有的 2 所国家示范性高职院校，1 所自治区骨干院校，成为宁夏职业教育的先锋和技能型、复合型人才培养基地。

表 3-15　宁夏财经职业技术学院"十二五"规划实施情况

主要指标			完成情况
基础能力建设	校舍占地面积（亩）		577
	建筑面积（万平方米）		10.3
	图书馆藏书（万册）		19.8
	公共平台建设（个）		1
	实习实训	校外实训基地（个）	144
		校内实验室（个）	36
人才培养	高职（人）		4545（2014）
	中职（人）		718（2014）
	毕业生"双证书"获取率（%）		85
	联合办学（人）		550
	社会培训及职业技能鉴定（人次/年）		210000
专业建设	专业（个）		16
	国家重点专业（个）		4
	自治区骨干专业（个）		4
	国家级精品课程（门）		0
	自治区级精品课程（门）		18
	院级精品课程（门）		6
	教材	国家规划教材（门）	0
		校本教材（门）	29
师资队伍	专任教师（人）		147
	聘请兼职教师（人）		98
	自治区教学名师（人）		2
	双师结构教学团队（个）		8
	自治区级教学团队（个）		3
	学院专业带头人、骨干教师比例（%）		35

续 表

主要指标			完成情况
师资队伍	教师学历	具有研究生学位教师占专任教师的比例（%）	60
	教师职务	具有高级职务的教师占专任教师的比例（%）	50
	双师比例（%）		91
科学研究	科研项目增长率（%）		150
	科研经费增长率（%）		153
	公开发表论文增长率（%）		15

数据来源：宁夏财经职业技术学院"十二五"发展规划实施资料

（一）办学基础能力显著提升

衡量学院办学水平的重要指标之一是办学的基础能力，这在客观上决定了学院的办学规模和人才培养质量。为了进一步适应职业教育改革的发展需求，促进和提升学院核心竞争力，通过积极协调，宁夏财经职业技术学院争取到自治区党委、政府及相关部门的支持，不断加大投入力度，优化资源配置，夯实办学基础，提升服务保障能力。

一是新校区建成并投入使用。学院新校区占地面积 577 亩，一期项目总投资 3.3781 亿元，建成单体建筑 19 个，建筑面积近10.3 万平方米。2012 年 10 月 8 日，学院实现整体搬迁，结束了一校多区办学的历史，学院生均占地面积达到 63.25 平方米，生均教学行政用房 11.33 平方米，生均宿舍面积 7.58 平方米，拥有 5432个学生床位，学院现有各项硬件条件均达到了教育部的相关标准和要求。学院积极争取新校区二期项目批复立项，协调相关部门

化解债务、解决资金不足等问题，新校区建设银行贷款自 2014 年被纳入自治区财政贴息计划。

二是全面推进节约型、生态型和数字化校园建设。学院积极申报和实施自治区"节能示范建设单位"项目，深入开展节水、节粮、节电"三节约"活动和"光盘行动"，营造厉行节约、勤俭办学的良好风气；全面实施校园网络覆盖工程，启用校园网接入终端网络身份认证，营造高效畅通安全的网络运行环境；实施校园绿化美化工程，栽植各类树木 4400 棵，加大维护养护力度，使学院绿化面积达 10 万平方米；引进社会力量，跟进完善超市、洗浴、餐饮、文印、理发、通讯等校内服务设施，短时间内形成了基本的服务保障体系，在满足师生学习、生活、工作基本需求的同时，着力营造优美、舒适、安静、便捷的育人环境。

三是积极完善教学设施。学院建成 36 个多媒体教室，大力推进中央财政支持跨专业平台实训基地项目建设，积极推动建设实施中国（宁夏）现代职业技能公共实训中心、现代商贸公共实训中心项目，现有校内实训室 20 个，实验室和实习场所面积达 11581.1 平方米，生均教学科研仪器设备值 3928.03 元。

四是统筹推进师资队伍建设。学校利用第二轮高等职业院校人才培养评估工作，助推学校高职教育教学改革，探索并建立具有区域特色的高等职业教育人才培养模式。学校开展的教学质量提高工程，使得人才培养模式日益彰显，产教融合理念深入人心。"十二五"期间，学校推进"人才强校"战略，积极引进区内外优秀人才，加强校内人才的培养力度，使教师队伍的职称、学历结构更趋合理。以高素质"双师型"教师队伍建设为重点，加强教师专业技能和实践教学能力培训，注重专业带头人、教学名师和骨干教师的培养，充分发挥教师教书育人的主导作用，培养了 2 名自治区级教学名师，建设了 8 个自治区级教学团队。通过公开招考和引进人才，学院现有 250 名教职工，其中，有 187 名专任教师，占教职工总人数的 59%。包括 22 名教授和 51 名副教授，教授和副教授占专任教师比例分别达到 12% 和 27%；3 位博士和 112 位硕士，硕士、博士占专任教师比例达到 60%。同时，学院坚持把品德教育摆在教师培养的首位，贯穿教师职业生涯全过程，通过制定学院教师行为规范、实行青年教师入职培训、师德建设一票否决等举措，逐步构建和完善师德师风建设的长效机制，大力提升师资队伍建设数量、质量。

五是进一步调整和优化专业结构布局。经济社会转型升级要求职业教育加快提升质量，在全面深化教育领域综合改革背景下，职业教育受众群体不仅希望能上一个好学校，更希望能上好专业。坚持把专业建设作为促进提升核心竞争力的重要途径，坚持紧贴产业、紧贴企业、紧贴职业岗位和社会需求，制定专业建设管理办法，以优化结构、分类指导、重点扶持、持续推进为原则，以适当增加专业数量、合理优化专业布局、推进形成专业特色为目标，实施示范专业带动工程，大力推进专业群建设。截至 2015 年，学院招生专业增加至 16 个，专业结构和布局更加合理。会计、金融管理与实务等传统优势专业继续在区内保持领跑姿态。物业管理、市场营销等国家示范专业和自治区骨干专业社会影响力大幅度提升，生源质量稳步上升。新增电子商务专业、图形图像制作专业（动漫制作方向）、应用英语专业（涉外导游方向）3 个专业，2014 年秋季实现招生。

（二）进一步改革教育教学

改革不仅为学院成长发展提供强大动力，还是提高教学质量和提升办学水平的重要途径。以改革为动力，学院用改革的办法和思路加大课程和教材建设的力度，更新和创新教学理念和方法，适应职业教育人才培养规律，健全和完善教学管理、科研、校企合作机制，显著提升学院教育教学质量和人才培养水平，科研竞争软实力取得长足进步，为社会输送了一大批合格人才。

一是积极实施教学质量工程项目。依据"就业导向、能力本位、岗位需要"的职业标准，学院积极改革课程体系，构建基于任务驱动的课程建设思路和具有工学结合特色的理实一体化课程体系，建设了 6 项院级精品课程、18 项自治区级精品课程。引入行业企业技术标准、国家职业资格标准，推行任务驱动、项目导向、顶岗实习等教学模式，完善多元化学生学业评价体系，实现了课程和培养模式的根本性转变。实施了 16 项自治区级教学研究与改革项目，2 项自治区人才培养模式创新实验区，有 2 项获自治区教学成果奖。制定教材建设与管理办法，强化应用，注重实践，创新教材开发体系，组织教师编写校本教材，现已公开出版 29 部。2014 年，学院顺利通过第二轮教育部高职高专人才培养水平评估。

二是建立健全教学管理机制。学院制定学生公开课管理办法、技能竞赛管理办法、排课管理办法、课堂教学管理办法、教师调课管理办法、教学成果奖评选办法以及教学档案管理制度等，严格学生考试工作规范，加强高职人才培养方案制订修订工作，加大对系部工作进行考核考评力度，进一步健全了教学管理工作体系。坚持教学质量年度报告制度，制定《日常教学检查实施方案》，推行教学检查每周通报、每月总结，推动量化考核向过程考核延伸。新增教学质量监控与评估中心，增设教研室 12 个，拓展和完善教学管理和考核评价途径，健全考核机制，完善评价体系，不断提升教育教学管理水平。

三是着力提升科研服务能力。学院实行政策倾斜，鼓励教师通过科研推动教学质量。特别是近年来，每年有百余名科研人员参加各类项目的申报，制定科研工作管理办法、科研项目管理办法、科研成果管理办法、学术活动管理办法、科研经费管理和使用办法等，严格科研行为规范，健全和完善科研管理制度。推进科研工作与专业建设、教学改革，努力促进学院科研水平提升和科研成果转化，注重科研骨干队伍的培养，申报 32 项自治区级科研课题，申报 5 项专利。

四是不断深化校企合作。探索与创新校企合作模式，开展了大量富有成效的工作，取得了很好的效果。成立校企合作领导小组，增设实践教学指导中心，建立健全工作机制，规范学生实习、实训工作管理，积极搭建校企合作交流平台。探索实行校长对接厂长、专业对接产业、教学对接岗位的新型校企合作模式，与区内外知名企业开展广泛合作，校外实训基地有效增加。坚持推行教师到企业挂职锻炼制度，加大实习实训教师培养力度，面向社会公开招考实训指导教师 7 人。面向企业需求，与用友公司、永昌会计事务所、凯宾斯基酒店等多家企业合作，探索人才定向培养模式。

五是着力创新素质教育。通过坚持集体备课、指定课程建设负责人、严肃教学纪律等措施，加大思想政治理论课教育教学改革力度，促进了认知与实践相统一。组织实施教改项目、编写校

本教材、创新教学理念、推行案例教学、增加实践教学环节等，积极推动基础课教育教学改革，提升人文素质教育教学水平。创新体育课教育教学实践，制定《大学生体质健康测试管理办法》，持续开展学生体质健康测试工作，全面提高学院体育工作水平。

六是积极拓展和提升社会服务能力。培养自治区会计高端人才 5 人。充分发挥学科和人才优势，完善社会服务组织运行机制和服务体系，鼓励教师积极在行业协会发挥积极作用，围绕区域经济社会和产业结构调整升级等重大问题开展有针对性的应用研究，带动学院在地方社会经济发展重大决策中的参与度和服务能力。坚持面向社会，广泛开展会计电算化初级、中级等职业资格培训和鉴定工作 20 多类，累计达 21 万人次。

（三）学生工作体系不断健全

一是多途径加强学生工作队伍建设。首先，面向社会公开招考专职辅导员 15 人；其次，从 2013 年开始推行兼职班主任试点工作。截至目前，班主任人数达到 45 人。最后，在会计系、经济贸易系和金融系设置专职副书记，成立学生工作办公室以促进和加强学生工作力量。

二是完善学生资助体系。认真落实《生源地贷款操作规程》，制定和完善《宁夏财经职业技术学院国家奖学金评定办法》《宁夏财经职业技术学院国家励志奖学金评定办法》《宁夏财经职业技术学院奖学金评定办法》《宁夏财经职业技术学院"伊品奖学金"评定办法》《宁夏财经职业技术学院燕宝助学金评定办法》等，使奖助学贷工作进一步规范化。严格国家奖学金、励志奖学金及其他助学金政策的落实，积极争取宁夏燕宝慈善基金会、伊品爱心基金会及社会各界对家庭经济困难、品学兼优学生的支持，逐步构建了学院奖助贷学的体系。针对家庭困难学生开辟"绿色通道",多途径帮助家庭经济困难学生完成学业。坚持公开、公正、公平原则,累计发放奖学金250.4万元,助学金1810.3万元,协助办理生源地贷款3072万元。

三是招生与就业工作取得了突出成绩。着力拓展招生宣传途径,加大招生宣传工作力度,规范招生工作流程,严格招生程序,认真做好自主招生工作,截至目前,累计招生1531人。举办了大学生职业生涯规划大赛3次,举办各类毕业生专场供需见面会6场次,同时成立大学生就业指导协会,建立就业信息平台,编印就业指导手册,开展就业指导月系列活动,多渠道帮助学生增强就业能力、把握就业机遇。坚持和完善招生就业工作年报告制度。2014年,学院全日制在校生总人数达到5260人,办学规模首次突破5000人,毕业生就业率稳定保持在96%以上,毕业生就业质量不断提升。

（四）内部管理机制进一步完善

内部管理既涉及队伍建设、工作落实,也涉及制度建设、机制完善,核心是提质增效。近几年来,宁夏财经职业技术学院围绕转变发展理念,切实改进工作作风,最大限度凝聚工作合力,推动改革举措落到实处,使师生共同参与改革发展,共享改革发展成果,使得学院内部管理机制进一步完善,学院管理水平进一步提升。

一是坚持依法治校。坚定推行由党委领导的校长责任制,以民主集中制为核心,构建完善的议事规则和章程。成立专门工作机构,加快制定学院章程,积极推进建设现代大学制度。积极开展法律进校园活动,强化宣传教育,促进领导班子、党员干部及

全体教职工的法制观念。明确责任目标，制定具体措施，落实经费保障，实施"六五普法"，注重运用法治思维和法律手段解决学院改革发展中的突出矛盾和问题，切实落实师生主体地位和保障师生合法权益，大力推进依法办学、依法治校、依法治教。

二是实施民主管理。坚持和完善教职工代表大会和工会代表大会制度，充分发挥民主党派和群团组织的监督作用。认真落实信息公开年度报告制度，综合设立举报电话、意见箱、院领导接待日等形式，畅通师生意见反映主渠道，使师生合理诉求和合法利益得到充分体现。积极建立和完善院内咨议机构，成立了学院理事会、教授委员会、学术委员会、教学工作委员会、专业建设委员会等，积极健全和完善工作规程，使其发挥积极作用。认真落实党风廉政建设责任制，自觉接受纪委监督，支持纪委创新廉政文化建设和敬廉崇洁教育，深化"清风校园"示范点创建活动，为提升民主化管理水平夯实基础。

三是完善治理体系。在建立健全机构设置的同时，积极推动院内机构编制方案。清理各项规章制度共计134项，使学院制度体系进一步完善。开展固定资产全面清查，接受审计署审计，严格执行收费标准，坚决杜绝乱收费，进一步强化经费的收支管理，压缩"三公"支出。制定切实可行、科学合理的考核方案，改进绩效考核评价机制，实行分类考核。推行动态的绩效工资发放办法，大力促进绩效考核和津贴发放，兼顾公平与效率，充分调动教职员工的工作积极性。

四是提升治理能力。学院党委坚持以"立德树人"为教育根本任务，积极推进学习型、服务型、创新型基层党组织建设，结合深入开展党的群众路线教育实践活动和"守纪律、讲规矩"集中教育活动，狠抓作风建设，推动工作落实。坚持"信念坚定、为民服务、勤政务实、敢于担当、清正廉洁"好干部标准，坚持群众公认、注重实绩的原则，增强干部选拔任用工作的透明度和群众参与度，先后进行了6次中层干部竞聘工作，共选拔、任用、调整干部144人次，为学院发展提供了"抓工作、重落实"的中坚力量。实行了党委中心组学习制度、党委定期听取工作汇报、中层干部联系班级等一系列工作机制，使学院工作治理能力得到大幅提升。

五是党建思政工作成效显著。学院党委和各基层党组织认真开展创先争优、基层建设年、服务型党组建设等活动，党委领导下的校长负责制得到了贯彻执行，民主集中制原则成为学院重大决策的重要制度，各级班子建设、制度建设逐步加强，学院各级党组织的战斗堡垒作用充分发挥，成为学院建设发展的坚实保障。特别是党群众路线实践教育活动、"三严三实"专题教育，党的建设工作成为推进学院改革发展的坚强保障，广大党员干部群众观念、宗旨意识、工作作风、大局意识显著提高。党委对反腐倡廉工作主体责任凸显，"一岗双责"得到有效落实，勤俭办学的思想深入人心。学院深入开展"清风校园"活动，丰富载体，选树典型，营造了风清气正的育人环境。

六是校内外安保体系进一步完善。安排专项资金，装备覆盖全校园的监控系统，安装门禁系统和"一卡通"，购置校内巡逻车，完善校内安防设施。坚持门卫出入登记制度，不断改进和完善值班制度，建立学生安全工作信息员队伍，认真做好校内舆论管控工作，协调辖区政府和派出所开展校园周边环境专项整治，全面提升学校安全稳定工作水平。

(五) 内涵式发展进入新的历史时期

学校发展职业教育的眼界不断拓宽，站在全国高等职业教育发展格局中审视自己，努力实现与全国高职院校同步发展。学校抢抓机遇和内涵式发展的意识和能力越来越强。学院及时启动了教学质量、毕业就业质量、学生职业素养提升等十大工程，作为学校落实《职业教育法》和《纲要》的顶层设计，推进学校内涵建设。"市场需求，能力为本，工学结合，服务三产"口号的提出既符合学院实际，又得到了社会认可，也很好地彰显了学院的办学特色。学院积极与省内外的相关企事业单位建立对口服务合作关系，根据当前国内经济形势的需求调整专业设置，创新学院发展，多途径开拓就业渠道，解决区内大学生就业难问题，坚持以提高质量为核心，抢抓发展现代职业教育的历史性机遇，深化教育教学改革，不断提升学院人才培养水平，进一步增强社会服务能力，学院内涵式发展建设进入新的历史时期。积极学习贯彻落实《自治区党委人民政府关于加快发展现代职业教育的意见》，进一步实施国家和自治区中长期教育改革和发展规划纲要，切实促进学院办学服务自治区经济社会发展，明确高素质技能型、应用型、复合型、创新型人才培养目标，努力实现学院"建设成西部一流，全国有影响的高职院校"的奋斗目标。这些抓内涵建设的具体措施，既从学校实际出发，有载体、有方案，又符合国家对职业教育改革发展的要求，持续不断地推进了学校内涵建设。

三、宁夏财经职业技术学院存在的不足之处

目前，学校存在和亟待解决的主要问题有：抓教学管理工作措施手段不多，规章制度仍需完善，校企合作重数量，合作深度和广度不够，专业特色还不明显；开放教育系统发展不平衡，开

放大学建设滞后；发挥示范引领作用的主动性不够，探索现代职业教育改革发展新思路、新举措不多；教育教学资源还需进一步盘活、优化等。主要体现在以下几方面。

思想观念方面：教学理念与自治区经济社会发展的新要求不适应，开放大学建设目标还不是十分清晰，解放思想、深化改革、更新观念的任务还很重；能力建设方面：大力提高全校领导干部学习的能力、调查研究的能力、统筹协调发展的能力、改革创新的能力、破解发展难题的能力、推动学校科学发展能力的任务还很重；作风建设方面：转变工作作风，加强效能建设，建立优化作风建设的长效机制，树立实干精神、担当意识和敬业精神，克服懈怠、扯皮、效率不高的任务还很重；办学机制方面，通过深化改革，创新校企合作方式、完善绩效激励机制、创新办学机制与体制、构建职业教育体系的任务还很重；办学条件方面：建设资金短缺，优质办学资源缺乏，勤俭办学、开源节流的意识不强，学校改革发展步伐缓慢。

学院在发展过程中存在的不足之处有：

1. 生源不足，质量不高。因国家改变政策导向，高等院校普遍扩招，上大学已不再是一种奢望，加之目前社会缺乏对职业教育地位的正确认识，仍把职业教育当作"二等教育"。

2. 实践教育环境简陋，师资力量不足。职业技术院校基本由师范类学校转制合并组建而成，资金投入少，实习实训基地、实训教学设备短缺；教师的专业知识、教育观念更新不及时。

3. 办学条件与办学规模不匹配。职业教育自身的专业结构、类别结构、层次结构、体制结构等尚待进一步完善，人才培养、质量和效益的评价体系、监控机制等仍需进一步建立健全。

4．学院的教育教学改革尚不能很好地适应国家经济社会深刻变革的需要。经济全球化带来的人才竞争以及中国高等教育大众化的发展趋势，对职业教育的人才培养质量提出了更高要求，虽然跻身国家百所示范院校行列，但大力发展现代职业教育的基础还较为薄弱。

总之，本章从宁夏大学和宁夏财经职业技术学院分别作为宁夏高等教育中的本科院校和高职院校的个案典型代表出发，对其"十二五"期间高等教育发展取得的重大效益和不足之处进行调查研究，可以看出"十二五"期间，宁夏的本科教育和高职教育办学规模完成了跨越式发展，高等教育大众化水平大幅提高，高等教育结构体系趋于合理，发展层次明显提升。随着高等教育投入的增加，高校硬件条件、办学条件得到进一步改善，整体素质有了明显提高，高校科研实力不断增强，服务地方经济社会发展的能力进一步提升，但高校资金筹措机制较为单一，加之宁夏"教育财政自治权"长期没有通过法制程序，造成宁夏高校经费投入机制的不稳定，制约了高校的持续、稳定发展。因此，政府部门应该提高对此问题的重视，客观分析在民族地方教育财政自治建设的视域下，制约宁夏高等教育发展的主要因素，即高等教育财政投入管理机制中存在的制度建设、投入总量、管理机制、使用效率、监督机制等方面的缺失，从中央政府部门层面、民族自治地方省级教育财政层面和高校自身的教育财政部门层面，提出完善宁夏高等教育财政管理机制的有效措施和实践对策，促进宁夏高等教育健康、快速、稳定发展。

第四章　宁夏高等教育财政管理机制
影响归因分析

本研究前期，笔者深入到自治区教育、财政部门和高等院校中对宁夏高等教育的发展情况进行全面调查，了解到宁夏"十二五"期间高等教育发展取得的成果和不足之处，全方位、多角度地综合了解目前宁夏高等教育的发展现状、已取得的成就及尚存在的问题，综合获取本研究的第一手基础性资料，进而利用访谈内容和研究数据的调查结果，采用定性研究和定量研究相结合的分析方法，利用描述统计法、案例研究法等实证研究，深入分析得出宁夏高等教育管理机制在民族自治地方教育财政自治制度、高等教育财政投入总量、高等教育财政管理机制和高等教育监督管理机制等方面存在的不足之处，进而提出制约和影响宁夏地区高等教育发展的对策。

第一节　民族自治地方教育财政自治制度因素

宁夏作为回族自治区，也是全国少数民族自治区之一。2015

年自治区普通本科院校在校生 119410 人，其中少数民族普通高等学校在校生 38780 人，占在校学生总人数的 32.48%。虽然宁夏长期实行民族区域自治制度，但对教育财政自治制度重视程度少，并没有形成完善稳定的制度体系。目前宁夏和所有民族自治地方一样，仍然采取依据整体经济情势和高等教育需求状况的做法，当社会公众和高等院校要求加大高等教育财政投入力度时，中央和自治区就会出台相关高等教育财政政策，随之加大对民族自治地方专项资金的转移支付力度和高等教育财政投入；而与之相适应，民族自治地方也会随之增加高等教育财政的投入。反过来说，若是社会公众对教育财政的投入力度呼声减弱时，民族自治地方对教育财政的投入力度就随之放松。我区始终不能建立一个长效机制切实保障民族自治地方高等教育财政投入的科学性和稳定性，从而充分发挥《民族区域自治法》中有关教育财政自治的权利，使之得到有效保障和顺利执行，确保宁夏高等教育财政管理机制的健康稳定运行①。

一、宁夏高等教育财政管理机制立法形成缓慢，尚未形成完备的法律体系

在高等教育体系中，无论公立高校还是私立高校，都应有完善健全的相关制度对高等教育投资渠道进行详细而系统的规定。虽然我国《宪法》和《中华人民共和国教育法》对高等教育的发展和规划进行了根本性的指导，但目前我国只有唯一一部有关高等教育的正式法律，即《高等教育法》，其他都是由国务院规定的行政法规，并不是完全意义上的法律；而针对高等教育投资的法

---

①陈立鹏：《中国少数高等教育立法新论》，中央民族大学出版社，2007 年。

规则少之又少，而且针对民办私立高校的投资法规更是相对空白。这与国外先进国家健全严谨的法律体系相去甚远，因此，如何针对高等教育投资进行立法，尤其是针对民族自治地方高等教育和民办高校的投资立法，这是我国法律界和高等教育界的研究重点。

长期以来，宁夏高等教育财政投入立法起步低、发展慢，一直未能建立一套系统完备的有针对性的法律条文，致使自治区高等教育经费只能单一依靠国家高等教育财政法规执行，尚未体现出其民族性和特殊性。尽管《教育法》明确规定，"各级人民政府教育财政拨款增长应当高于财政经常性收入的增长，并按在校学生人数平均教育费用逐步增长，保证教师工资和学生人均公用经费逐步增长"，但在实际操作和执行过程中，宁夏的各项措施不尽如人意。其次，保障机制不健全，助学贷款渠道不畅。国家助学贷款可以缓解经济困难学生的付费压力，从而促进高等教育公平，但从其开办至今，发展过程并不顺利，有诸多因素制约着助学贷款的发放：一是诚信问题已成为制约助学贷款发展的重要因素之一；二是贷款机制不健全，贷款时信息不对称，部门职责不明晰，缺乏法律支持与约束；三是银行助学贷款目标与商业化经营相冲突，往往会出现银行惜贷的现象；四是社会大环境的制约，大学生就业压力大，择业的流动性、多样性和大学生的人身保障及保险问题都会影响贷款的偿还。这些问题背后的原因有很多，概括来说，一方面主要是财政收入增长小于支出增长，导致财政可用于安排教育经费支出的资金供给不足，更深层面的原因则是重经济、轻教育的管理文化，高等教育本身是一项具有时效性的社会事业，短期的投入在政府官员的任期内往往看不出明显的效果，所以，政府一般都不愿意将过多的财政收入投到短期绩效不明显的高等教育事业中。[①]同时，国内高等教育的财政投入立法亦很落后，只在我国部分高校早期的条例中有一些条目，原来的规定并不完善，以宽泛的意见和通知为主，层次太低。1966年以后的十多年间，我国教育法制和一系列相关教育法规受到严重破坏，所有涉及高等教育财政支出的法规全部名存实亡，达到了"无法可依"的地步。因此，高等教育的管理实际上已经由早期的基本法治转变为后期的主观人治。1980年时，全国人大常委会颁发了第一个关于高等教育的《学位条例》，由此，国家在《高等教育法》《教育法》等法律中开始逐渐推广有关高等教育的财政投入思想，但是这些条文没有充足的实用性能，无法全面、系统、科学地管理高等教育的财政拨款，使得在实际操作过程中暴露出了很多问题。[②]另外，法律体系的不健全，使得在宁夏高等教育财政管理体制中很少能体现出"民族自治地方教育财政自治权"的优越性，最终造成民族地区的当地政府和高校并未切实感受到少数民族教育财政自治权所带来的实际利益。

调查资料2：

2016年2月18日，宁夏回族自治区某高校会议室。被访者为主管该校的一位教育厅领导、学校校长和两位财务工作人员。

调查者：您认为目前宁夏的高等教育财政投入管理机制是否体现了民族教育自治权的优越性？

校长：体现不多。我们认为应当在国家法律及宏观政策框架之内进一步发挥民族教育自治权的优越性，这种优越性一是适当扩

---

①冯卓毅：《浙江省高等教育财政投入机制研究》，浙江工业大学出版社，2012年。

②陈立鹏：《中国少数高等教育立法新论》，中央民族大学出版社，2007年。

大对教育的投入，二是如何创新地去管理财政对高等教育的投入。
要充分利用自治权而不是在国家规定的基础上再加一把锁。

财务工作人员：是的，作为少数民族地区的高校，在平时的教育财政投入过程中，好像除了获得一定量的专项转移支付资金以外，再未感觉和其他非民族地区有什么质的区别，并未切实体现出民族地区教育财政自治权的优越性。另外，感觉自治区教育和财政部门对高校资金管得过死，让高校丧失了一定的自主权，在经费使用过程中感觉手续很繁琐，行政程序太多，希望对经费的管理上要放管结合，扩大高校财务自主权。

调查者：您对目前宁夏高等教育财政管理机制是否满意？

教育厅领导：近年来，自治区高等院校的基础办学条件得到了明显改善，师资队伍建设成效显著，学科、重点实验室建设成效明显，在国家重点实验室、博士点、硕士点建设方面进步明显，生源质量大大提高。但是我们作为西部少数民族地区，在实行《民族区域自治法》的过程中，忽视了对教育财政自治权的重视，确实没有深度挖掘民族地区财政自治权的优越性。今后在高等教育财政管理方面，我们要将该领域作为一个重点进行深度研究，先从立法入手，用法律的手段将其引向法制化、制度化，然后将其优越性在高等教育财政管理的实际工作中加以落实。

从以上访谈材料中可以看出，宁夏高等教育财政管理机制立法工作势在必行，必须从思想观念上予以高度重视，然后通过立法程序加以严格落实，形成一套完备健全的民族自治地方高等教育财政自治权的法律体系，使得宁夏高等教育财政管理做到有法可依，有法必依，为加快宁夏地区高等教育的发展打下良好的法

制基础。

二、宁夏高等教育财政管理机制中的教育财政自治制度执行不力

近几年，民族地区高等教育经历了一场"扩招"的浪潮。高等教育法制体系不健全，立法不具体、不实用，使得民族地区高等教育财政投入领域陷入困境。例如没有明确规定民族自治地方的教育财政自治权如何行使，没有明确规定高等教育预算资金对基建经费和生均经费的比例，没有动态监管教育资金使用过程，没有建立对资金使用效果科学合理的效绩考核评估系统等，相关高等教育财政投入的法律文件和政策措施未能得到切实的贯彻落实，导致民族地区高等教育与非民族地区高等教育的发展差距不断拉开；更有甚者，少数高校正在面对"负债经营"的惨淡局面。同时，民族地区高等教育财政管理机制中有关教育财政自治制度的法律法规是个空白，使得在宁夏这样一个典型的民族自治地区，群众对教育财政自治权利竟然闻所未闻。

调查资料 3：

2015 年 9 月 28 日，宁夏回族自治区银川市某职业技术学院会议室。被访者为主管该校的自治区教育厅两位领导、学校校长和三位财务工作人员。

调查者：请问您是否了解民族自治地方教育财政自治？您如何理解该权利？

财务工作人员：不太了解，平时好像没有听说过。

校长：我对《民族区域自治法》有所了解，只知道民族自治地方的财政是国家财政的有效组成部分。民族自治地方的自治机关有管理地方财政的自治权，但具体怎么执行不是很了解。

教育厅领导：这项权利平时确实提的比较少，但宁夏作为民族自治区，享受中央财政的照顾，比如通过中央财政对重大教育项目进行财政转移支付制度。

调查者：是的，转移支付是一项很重要的上级对民族自治地方教育财政的照顾。您还知道关于教育财政自治权的其他内容吗？

财务工作人员：这方面确实了解很少，但我想既然是自治，那就应当意味着由民族自治地方的自治机关自主地安排使用资金吧。

另一财务工作人员：那应当是属于民族自治地方自己的财政收入吧？但咱们宁夏经济落后，自治区财力较弱，跟其他发达省份相比有比较大的差距，这个情况相信各位领导也看出来了，如何才能实行教育财政自治啊？！

校长：是的，而且目前咱们自治区好像还没有听说有这方面的法律条文吧？

调查者：是的，大家都讲的很对，现在国家对高等教育特别重视，尤其对民族自治地方的高等教育发展尤为关注，这方面立法工作相信会尽快解决的。

教育厅领导：是的，近些年国家对宁夏地区的高等教育经费支持力度还是蛮大的，预算资金所占比例也高于一般非民族自治地方，但民族地区财政自治权是应当尽快立法，实行法制还是比较规范的，希望能够尽快落实。

从以上访谈材料可见，宁夏作为一个极具代表性的民族自治地区，但"财政自治"和"教育财政自治"这项本应属于民族自治地方的权利，当地大部分群众竟然一无所知。教育财政自治是

民族自治地区自治权非常重要的组成部分，但是长期以来，该自治权迟迟得不到落实，严重制约着民族自治地区高等教育财政自治权的实现，成为制约民族地区高等教育发展的主要因素，这就要求中央及地方应加快少数民族地区高等教育财政管理的相关立法，从而促进民族地区高等教育健康、快速发展。

第二节　宁夏高等教育财政投入总量因素

经过对 1900—1957 年间美国经济的测算和分析，美国经济学家舒尔茨"发现人力资本投资效益明显大于物质资本投资效益。他用收益率法测算了教育投资对美国 1929—1957 年间经济增长的贡献率达到了 33%。在今天这个科技和信息的时代，人力资本的培养与过去任何一个时期相比，都显得更为重要"[1]。

一、民族自治地方高等教育财政投入总量始终不足

国家财政教育投资的总量是教育发展的基础。改革开放以来，我国的教育经费稳步增长，但是公共教育支出的增长没有跟上经济增长的步伐。国家财政性教育经费支出占国内生产总值 4% 的指标仅仅是达到世界衡量教育水平的基础线，不仅低于发达国家，也低于世界平均水平，而其中高等教育经费只占教育总财政投入的 20% 左右；如果去除普通高等教育支出，民族高等教育所获得的国家财政拨款支持的力度将再打折扣，民族高等教育资金匮乏的现象比较严峻。高等教育财政投资总量增幅缓慢产生了严重的

---

①刘向东：《欧美高等教育经费来源及其启示》，《高等教育研究》，2009 年第 5 期。

后果：第一，某些高等学校在扩建、新建校区急需资金的情况下，为了缓解经费紧张的局面，将经费来源的负担转嫁到学生身上，收取高额学费，给高等院校中一些贫困学生个人与家庭带来了沉重的负担，不利于我国高等教育的可持续健康发展；第二，许多高等学校为了节约开支，蜂拥开设成本较低、实用性不强、与市场经济发展脱离的文科专业，聘请一些资质欠佳的兼职教师、实训基地建设滞后等，使我国高等教育陷入了数量与质量发展严重失衡的恶性循环状态。由此可知，加大对民族高等教育的财政投资十分重要且迫切。

二、宁夏高等教育财政投入总量增长表现出不稳定性

近年来，宁夏本科教育经费投入整体水平相对有所提高，但还表现出不稳定性，宁夏高等教育"三个增长"表现出或高或低的现象。宁夏国家财政性教育经费占 GDP 比例从 2011 年 5.57%降至 2012 年的 5.46%，虽然基本达到《中国教育改革和发展纲要》中国家财政性教育经费支出占 GDP 比例要达到 4%的要求，但有所下降；预算内教育经费占财政支出的比例由 2011 年的 15.82%降至 2015 年的 13.96%，普通高等学校生均预算内教育事业费支出从 2011 年的 2.8 万元降至 2015 年的 2.1 万元，降低了 25%；普通高等学校生均预算内公用经费由 2011 年的 2.13 万元降至 2015 年的 1.3 万元，降低了 38.97%。2015 年本科学校教育支出仅占全区教育财政支出的 14.63%，远远低于义务教育支出 63.62%。高等教育规模发展与投入水平不相适应，使得许多本科院校的生存和发展陷入了困境，严重阻碍了高等教育的良性发展。

第三节　宁夏高等教育财政管理机制因素

高等院校是培养国家高级人才和科研工作者的重要场所，科学技术是第一生产力，人力资本是具有能动性的高级资本，长期的历史经验证实，一个国家是否强大，经济发展是否快速，与该国的国民素质和高科技人才息息相关。我国少数民族地区经济的发展，相较其他非少数民族地区较为落后，关键是该地区的教育发展缓慢、高科技人才短缺、先进的科学理念和思想观念缺乏，因此，民族地区经济社会的发展快慢，最终还是归结为民族地区教育的水平高低，尤其是高等教育。要想实现中国经济的协调发展，加快少数民族地区经济的发展速度，当今之际是又快又好地提高民族高等教育水平。因此，加大对少数民族地区高等教育的财政重视程度和投入力度，为民族地区高等教育发展创造条件，培育大量新兴的民族地区高级人力资本是十分重要而迫切的社会责任。

一、宁夏地区对高等教育财政支持的管理机制不完善

（一）高等教育财政的财权与事权分离

长期以来，我国的高等教育财政分配始终实行"政府—高校"的二元模式。高等教育经费的拨付和教育建设的投资分别来自于财政部门和计划部门，而高等教育的规划又是由教育行政部门负责，这就导致了财权与事权的分离。同时，教育行政部门没有财权又会使教育部门难以对教育拨款过程进行管理和控制，很大程度上降低了经费的使用效率。另外，由政府财政部门和计划部门

共同进行的教育预算编制只能依据供给能力决定，从而忽略了宁夏高等教育发展的实际需求，进而导致高等教育财政划拨与地区发展的严重脱节。主要表现为以下几点：第一，宁夏高等教育事业的发展与教育经费的投入出现严重的供需不平衡。由于教育行政部门管理权与政府财政规划权分离，势必会造成二者在衔接上的严重脱节，导致民族高等教育经费需求与供给之间的严重不平衡，从而在很大程度上影响了宁夏高等教育事业的发展。第二，低下的经费使用效率，使得教育行政部门很难有效行使其职权。在我国目前的办学体制下，两部门分管不同的领域，而实际上财权和事权是相辅相成的关系，财权应该作为事权的基础。然而缺乏财权的教育行政部门只能掌管本部门所属学校的经费，无法站在宏观的角度对整体高等教育经费的拨付加以控制和安排，同时也无法运用财政手段有效地对宁夏高等教育事业的发展进行宏观调控，从而在高等教育经费的使用效益上显得效率低下，阻碍了高等教育的健康发展。

长期以来，民族自治地方高等教育财政的主要来源依然是国家财政拨款，教育资金短缺不能满足日益增长的高等教育发展需求，仍然成为当前制约民族地区高等教育发展的瓶颈，最终导致自治区政府对高等教育资金管理职能的"越位"和财政投资职能的"缺位"现象。

首先，作为自治区高等院校的主管部门，存在管理职能"越位"现象，使得财政性高等教育经费利用率大大降低。高等教育主管部门出于自身利益，对高等院校管得太死，使得高等院校不能按照自己的要求和意愿办学；在教学内容、专业设置等方面对高等院校过多地进行干预，使得高校的专业设置难以按照当地人才

市场需求及时进行调整，造成高等院校毕业生就业率下降，严重阻碍高等教育的发展，造成了高等教育经费浪费和社会效益低下。

其次，自治区高等教育管理体制存在着诸多弊端，造成财政投资职能的"缺位"现象。如自治区政府对高等教育干预得过多、管理得过死的现象依然存在。目前自治区高等院校中，大部分学校对于财政资金无法安排和调配，也就不能使用财政手段有效地对民族地区高等教育事业的方向发展进行有效管理，实际上降低了教育财政投入资金对高等教育的使用效益。

最后，一些重大高等教育科研项目在执行过程中存在与最初预算相差甚大，造成资金浪费现象。近些年来，自治区高等院校的专项科研经费占用大部分事业经费，但仍然存在结余，在报销过程中也缺乏统一的标准，经常出现"虚报""假报""凑发票"的现象。高等教育财政管理机制不健全，科研资金在实际使用过程中还存在严重的资金浪费问题，使得高校科研项目难以继续，并且影响了民族地区高等院校师资能力和学术科研水平的提高。

二、宁夏地区高等教育财政投入和拨款方式制约了高等教育的发展

长期以来，自治区高等教育财政投入一直采用"综合定额 + 专项补助"的拨款方式，这一模式在某些方面虽然具有明显的进步，比如其透明性和公正性得到了改善，但多年的实践证明，这种单一的拨款方式也制约了高等教育的健康发展。随着民族高等教育内外环境的变化，它的一些问题和毛病也逐渐显现。主要表现在：宁夏地区高校与社会市场经济发展的联系较弱。由于政府是教育财政的直接制定和实施者，使得当地高等教育财政单一，缺乏激励机制，这样就导致了宁夏地区高等教育严重同质化。另外，这种拨款模式使得宁夏高等教育只是单纯、片面地强调学术，而缺失了宁夏回族文化多元化的传承和培养。从宁夏高等教育财政性教育经费角度看，仍然是以预算内教育事业费拨款为主。如2014年，普通高等学校教育经费28.37亿元，其中国家财政性教育经费19.67亿元，占教育总经费的69.33%，可见政府依然充当"大包大揽"的角色，致使各高等院校"等、靠、要"的消极思想非常严重，高等教育财政投入依然呈现消极的"输血机制"。

近年来，宁夏的高等教育仍没走向市场经济化的道路，相关校企联合、社会捐赠、教育基金等辅助渠道并未完全发挥其应有的作用；再者，宁夏对教育征收的税费偏低，没有充分发掘教育税收这条教育经费的来源渠道；从非财政性教育经费可以看出，学生缴纳的学杂费是自治区高等教育经费的主要来源。2014年宁夏普通高等院校事业收入4.98亿元，其中学杂费收入3.43亿元，占教育事业收入的68.88%，全国范围内宁夏高等教育学费收费较低，欠费现象比较严重，而且相当部分的学生是免收学费的，并且还能领取助学金，这给本科教育造成巨大财政压力。

再次，近年来宁夏民办本科院校还面临严重融资难的问题。对于广大学校来说，增强竞争力的一个很重要的途径是提高自己的办学"硬件"和"软件"水平。在高校发展的过程中，民办本科院校需要加快完善办学条件和办学环境，单靠学校自身的力量筹集这些资金难以实现。另外，由于政府在学校招生的类型和数量上有着绝对的话语权，一些公办院校在争取生源方面处于优势地位，民办院校难与其竞争，使得教育内部出现了发展不平衡的现象。

调查资料 4：

2015 年 11 月 18 日，宁夏回族自治区某高校会议室。被访者为主管该校的一位教育厅领导、学校副校长和三位教师。

调查者：您认为宁夏高等教育经费在管理体制方面的成效如何？有何不足之处？

副校长：近些年来，宁夏地区在高等教育经费管理体制方面成效显著，高等院校无论从学校规模、教学环境、师资力量等方面都成效显著，但存在的问题主要有：一是仍存在资产重复购置，利用率不高，没有建立资源共享机制；二是重视对硬件设施的投入，轻视对软件的投入，政策限制太多，不符合教育发展规律。

教师：是的，高校是培养高等人才的地方，科学技术是第一生产力，因此，要转变高等教育财政投入的方向，高度重视对高级人才的投入，如提高师资待遇，下重金引进国内外优秀教师资源。只有学校的师资力量雄厚了，才能从根本上提高教学质量。

教育厅领导："十二五"期间，宁夏高等教育的发展大家都有目共睹，现在硬件设施得到了极大改善，基本上满足了广大教师和科研人员的工作需求和学生的学习需要，但宁夏高等教育在全国与其他发达省份相比，差距非常大，这个差距，关键不是在楼不比其他名校高，或者规模没有其他"985"高校大，真正的差距是教学质量的差距，即软件设施的差距。因此，从"十三五"开始，我们要调整高等教育财政投入方向，改革高等教育财政投入和拨款方式，切实实行高等教育的内涵式发展战略，从引进高等人才、改善师资待遇入手，加强宁夏地区高等教育的软实力，促进高等教育的健康快速发展。

调查者：您对未来五年宁夏高等教育财政管理体制改革方面有

何规划和设想?

副校长:在未来的五年中,宁夏高等教育的挑战和机遇并存。我们首先要在改革和创新宁夏高等教育财政管理机制上下功夫,要在高校建立总会计师制度;另外不管是中央财政还是自治区财政,希望能将专项经费支持逐步转为常态性的一般经费支持,尤其是作为西部少数民族地区,不仅要积极争取中央专项经费,更重要的是切实落实民族地区的教育财政自治制度,充分发挥民族区域自治的优越性。

教育厅领导:高等教育最重要的财富在于人才,其次才是物,希望财政管理体制改革更加贴近高等教育的办学规律和宁夏高校的实际,进一步扩大高校财务自主权,建立以人才和学生为中心的财政管理体制。

高校教师:现在宁夏地区高等院校的经费来源太单一,一味地依靠中央和自治区政府也不是长久之计,因此,我们要想方设法发挥高校自身的优势,不断拓宽资金来源渠道。自治区教育和财政部门应当帮助学校建立更多的合理化融资渠道,适时引入 PPP[①]等融资模式,改革高等教育财政管理机制,加快宁夏地区高等教育发展。

从以上访谈材料可以看出,不仅要改进宁夏高等教育财政管理机制,更要从理念和方向上加以调整和改革。在高等教育财政投入的方向和管理模式上,要积极顺应时代的发展和市场经济的需求,不断拓宽高等教育的融资渠道。从目前宁夏的高等教育整

---

①ppp 模式,即 Public—Private—Partnership 的字母缩写,是指政府与私人组织之间,为了提供某种公共物品和服务,以特许权协议为基础,彼此之间形成一种伙伴式的合作关系,并通过签署合同来明确双方的权利和义务,以确保合作的顺利完成,最终使合作各方达到比预期单独行动更为有利的结果。

体发展情况来看，一方面公办本科院校过分依赖政府财政的拨款方式，缺乏发展创新的动力；另一方面民办教育受政府在财政拨款上的不公平对待，缺乏与公办学校竞争的实力。高等教育作为准公共产品，投资应由地方政府与社会、企业、个人团结协作共同承担，严格按照责、权、利对等的原则，明确界定各自的教育投资范围，调动社会各界的积极性，促进高等教育财政管理体制改革顺利进行。

三、民族地方高等教育财政投入的利用效率阻碍了高等教育的快速发展

高等教育财政投入的利用效率是指高等教育的财政投入与直接产出效益的比例。总体来看，宁夏高等教育财政投入的利用效率比其他发达省份偏低。广义上，我们将资源利用效率的计算是通过投入与直接产出的比例计算而来。从这一方面来看，宁夏地区的教育财政使用效率相对较低。主要原因可以归结为：首先，宁夏与其他地区高等教育院校相比，缺乏开放性和广泛性，换句话说，受传统教育价值观的束缚和外界对于宁夏地区的普遍认知，很难将宁夏地区的教育模式同其他地区一致对待。另外，受到传统思想的影响，宁夏作为少数民族地区，较多关注高等教育中的社会学、民族学相关领域，而在实际科研项目中较少，这就导致了科研项目经费和非科研经费严重不协调。再次，宁夏地区很多学生家庭贫困，而国家对贫困学生扶持力度又明显不足，从而影响了宁夏高等教育的教学质量。

第一，民族地区高等院校长期受历史、地理、文化和落后经济水平的限制，思想观念不够开放、教育理念不够先进和思维不够活跃。如发达地区常见的"校企合作"和"工厂化"的人才培养模式、科层化的管理体制在宁夏地区施行得很少；反之，"工具式"的机械化育人方式还普遍存在，仍然未完全从封闭的教育方式中解脱出来，由此导致民族地区高等教育管理和财政投入资金管理的使用形式与其他地区院校相比，依旧存在思想僵化和行为保守的现象，缺乏灵活性。

第二，国家对民族地区高等教育的财政支持主要针对某些重点高校展开，对一些民族地区贫困学生扶持力度不足；加之长期形成的"上学无用，赚钱第一"的落后愚昧思想，使得民族地区始终存在女生入学率低、辍学率高的现象。

第三，宁夏地区高校无法获得长期、稳定的科研资金支持，严重制约了民族地区高等院校学术和科研的发展。

第四，《中国教师法》中明确规定"对于民族地区高等院校的老师收入方面应给予适当补助和倾斜"，但长期以来此项政策未能很好落实，使得民族地区高等院校的优秀教师流失严重。

第四节　宁夏高等教育财政投入的监督评价因素

目前，高等教育财政投入主要由政府直接参与控制和划拨，不像一些发达国家（比如美国）采用专门的中介拨款机构，这些中介很大程度上可能是社会团体或者非营利性组织。因此，我国财政拨款在很大程度上受人为因素影响，缺乏透明度；加之没有相关法律的规范，造成财政资金使用缺乏监督和管理。在财政资金下拨以后，地方高等院校如何利用财政资金及其资金流向更是缺乏监督。虽然过去几年，在政府的大力整顿和管理下，我国的

高等教育财政支出监督改革有了很大进展，但在像宁夏这样的偏远地区，财政投入的使用和流向，包括人力、财力和物力等方面依然存在着许多不足。

综上所述，国家对宁夏高等教育的财政支持的事中监督机制仍然缺乏，需要进一步提高。另外，财政资金的使用缺乏绩效评价机制。像美国等发达国家，财政使用情况需要在事后做相关的绩效评价，从而帮助政府判断财政政策的优劣，进而在未来的决策中考虑是否需要相应的政策。而我国高等教育财政支出绩效评价工作相对滞后，特别像宁夏这样的少数民族地区，绩效评价系统发挥的作用极为有限。同时，由于我国在财经领域存在重改革、轻管理、重分配、轻监督的现象，导致了高等教育财政使用过程中的浪费，使用效率低下。目前，虽然在政府的大力支持下，高等教育财政支出绩效评价体系有了一定的进展，但仍然存在诸多不足。第一，对高等教育财政支出的绩效评价往往处于事前合法性和合规性的考核，而并未采取后期经济性、效率性和有效性的评价方法；第二，对高等教育财政支出以及使用仅限于寻找问题，而不是采用解决问题的策略，往往发现了问题而没有实际解决；第三，高等教育财政支出审查的方式仍停留在过程，而不是评价的方法。

近几年，随着全国教育财政系统对绩效考核的重视程度越来越高，宁夏地区高等教育财政支出效绩考核评估系统的构建也取得了可喜的进展。例如自治区财政部门专门成立了绩效处，对全区重大专项资金进行集中绩效考核和评价；但从总体上来讲，宁夏地区的监督评价机制仍然不够完善，绩效评估工作还处在初始阶段，还未建立起一套科学合理的绩效评估系统，与其他发达省份相比仍存在较大差距。

一、宁夏地区高等教育财政支出绩效评估管理体制尚未健全

目前，宁夏地区尚未建立一整套完善、合理、规范和良性运转的高等教育财政投入绩效考核评价体系。当前宁夏高等教育财政支出绩效评价体系存在的主要问题，首先是如何处理、评估指标的共性与个性关系。由于高等教育财政支出的公共性与特殊性，使得短时间内不容易建立起一套科学严谨的指标，用以覆盖所有的高等教育项目，也很难找到科学有效的办法对各个高等教育项目的生态效益、经济效益、社会效益和长期效益进行全面的对比分析。其次是由于不同民族地区、不同高校采用不同的会计核算软件和会计核算方法，加上各类高等院校的具体情况都有所不同，民族地区高等院校与普通高等院校相比，往往具有一些特殊的项目开支，如宁夏地区会设置一些民族类课程，因此对民族地区高等院校的教育财政支出用与非民族地区同等的效绩考核指标进行评估就是不科学和不合理的，更不利于少数民族地区高等院校民族特色的发展[1]。最后是如何合理优化分类。"高等教育财政支出中不但包括研究生教育支出、大学高等教育支出、高职教育支出，还包括教师工资、学生补助、科研支出、公用支出、校园建设和改造项目以及人员支出等，并且不同的项目在同一类支出中也存在很大差异，这就使得高等教育财政支出评估系统的细化工作较多，致使现行的绩效评估系统分类粗略，无法完整真实地体现出教育资金的全过程运行状况，不能直观地从绩效评估报告中获得

①王寰安：《我国高等教育体制的供给效应分析》，《国家教育行政学院学报》，2010年第2期。

民族地区高等教育在质量和数量上的根本改变，从而制定科学合理的标准值。"①

二、宁夏地区高等教育财政绩效评估管理体制尚未发挥实效作用

宁夏地区高等教育财政支出绩效评估的鼓励和管控体制虽呈现起步状态，但目前只停留在前期的健全制度体系阶段，并未进入实质的操作和发挥实效作用阶段，这就造成高等教育财政投入的使用效益长期缺乏应有的严谨考核和科学评估；加之教育财政领域存在着"重分配，轻监督""重改革，轻管理"等一些不合理现象，高等教育财政支出效益低、资金匮乏和浪费并存的现象始终存在②。涉及的部门多、领域广、周期长、工作量大，困难重重，但该绩效考核体系对高等教育的重大专项资金项目有关键的考评参考作用。此外，高等教育绩效考评体系并不是孤立的一个体系，而是应当与政府各部门积极互动、合作的体系。考评体系要顺利运行，还需要各级政府和部门的通力支持以及相关法律制度保障。因此，自治区各级政府应当高度重视高等教育财政管理机制中的绩效考核评价工作，各级政府和职能部门应相互配合，将该项工作严谨、认真地加以落实，对自治区高等教育资金的走向和成效做出客观合理、公平公正的评价，确保高等教育财政投入资金发挥最大使用效益。

本章客观分析了在民族地方教育财政自治建设的视域下，制约宁夏高等教育发展的主要因素，即高等教育财政投入管理机制

---

①吴仕民：《中国高等教育》，长城出版社，2012年，第17页。
②孙继甫：《公共财政下的高等教育财政制度问题研究》，《东北财经大学学报》，2010年第12期。

中在制度建设、投入总量、管理机制、使用效率、监督机制等方面存在的缺失之处，从而促使中央、省级、高校三级教育财政部门从各自层面分别提出完善宁夏高等教育财政投入机制和增强民族地区教育财政自治建设的有效措施和实践对策，构建出在当前我国教育财政机制改革的大背景下，适合宁夏民族自治地区高等教育发展现状，且能够提高宁夏高等教育财政投入管理能力的可操作性运作模式；同时，也要积极吸收和借鉴国内外最新民族地方教育财政自治理念和先进的高等教育财政投入管理模式，找到中西方对该课题的解决办法以及最佳结合点。在此背景下，提出建立健全宁夏高等教育财政管理机制的政策性建议，促进宁夏高等教育健康、快速、稳定发展。

第五章　完善宁夏民族自治地方高等教育财政管理机制的策略

发展民族地区高等教育，要切实树立教育是先进生产力的重要理念，把高等教育当作基础性和先导性大事来抓，高度重视高等教育财政管理。同时，要结合西部地区民族经济与当地社会发展的特点，体现民族特色，克服"等、靠、要"的落后思想，积极寻求国家政策和发达地区的对口支援。"西部民族地区高校要充分认识到自己在西部大开发中所承担的历史重任，服务地方经济建设和各项事业发展，积极主动地加强同当地政府的联系，争取地方政府的大力支持。只有从战略的高度来认识高等教育在西部大开发中的作用，才能真正做到全社会都来关心教育、支持教育。要紧密结合区域经济发展，优化西部高等教育布局和结构，制定适应区域经济社会发展需要的高等教育发展战略。面向未来区域经济发展，做好人才预测和高等教育发展规划。按照社会主义市场经济的运行规律，结合区域经济社会发展和经济结构战略性调整的需要，根据本民族、本地方的具体情况，通过联合、调整等途径优化高等教育结构，改变布局过度集中、地区发展不均衡的状况，完善区域高等教育体系，优化人才培养结构、学科结构和专业结构，增强专业适应性，合理配置高等教育资源，形成规模效益。要根据各地的产业结构特点，改造和调整专业结构，集中力量办好一批具有较高水平的、社会急需的重点学科，为提高国民素质、推动经济发展、满足民族地区大发展对人才的需求作出西部地区高校的贡献。"①

近年来，随着全国高等教育跨越式快速发展，宁夏地区抢抓国家支持地方高校发展和大力发展高等教育的重大机遇，全力推进中西部高校提升综合实力等重大高等教育项目建设，高等院校的招生规模和办学条件有了质的飞跃；但不容忽视的是，宁夏高等教育财政经费投入依然严重滞后于高校招生规模的增长，高校财政经费投入较少，这已成为阻碍宁夏地区高等教育良性发展的绊脚石。因此，要分析目前自治区高等教育财政投入机制的不足之处，准确找出其主要症结所在。同时，本研究深入对比了近些年中美两国公立大学教育财政的变化趋势，分析了中美两国高等教育财政投入方式的不同，从而总结出美国政府解决高等教育财政投入问题的先进经验，最终结合中国的国情，从中央、省级、高校三级教育财政部门层面分别提出完善宁夏高等教育财政投入机制和增强民族地区教育财政自治建设的有效措施和实践对策，促进宁夏高等教育健康、快速、稳定发展。

①杨孝峰：《西部少数民族地区高等教育现状及发展对策》，《经济管理学院学报》，2008 年第 4 期。

第一节 中央政府部门层面的策略

一、健全民族地区教育财政自治制度体系

宁夏作为教育、经济、科技、文化相对落后的少数民族地区之一，高等教育财政投入不足，很重要的一个原因是民族地区教育财政自治制度体系的不合理。目前，国内缺少一套科学、完备、规范的针对少数民族自治地方教育财政自治立法体系。在高等教育财政体制方面，虽然近几年进行了多项改革，但目前仍然存在着一些不合理的地方。如少数民族教育财政自治权长期未得以落实，教育财政体制不规范，主要表现在各级政府间支出责任划分不明确，事权、财权在各级财政之间匹配不合理，重大项目专项资金的转移支付缺乏整体规划和年度预算安排。预算编制具有较重的主观经验决策色彩，在很大程度上，至今仍然依赖于自治区财政部门与经费申请部门之间讨价还价，这些不合理因素对高等教育财政投入的规范性、科学性和合理性都产生了很大影响。因此，目前当务之急是必须要将少数民族自治地方的教育财政自治权制度化、法制化、规范化、具体化，理顺中央与民族自治地区关于教育财政转移支付方面的各种关系，使其逐步走向规范化、法制化，尽快建立健全一套规范、科学的高等教育财政立法体系和民族地区教育财政自治立法制度，切实加强民族自治地方的教育财政自治权的全面贯彻与落实[①]，以实现民族教育的公平，促进高等教育事业

---

①施正一：《中国西部民族地区经济开发研究》，民族出版社，2011年。

健康、稳定、快速发展。

（一）将高等教育财政资源配置制度化、市场化

社会主义市场经济条件下，要正确发挥政府宏观调控作用，遵循市场经济的供求关系，间接科学地分配高等教育财政资金。严格按照三项准则合理配置高等教育财政资金。一是公平准则。各高校主体之间应公平合理地分配教育资金。二是效益准则。各高校应遵循"优先效益，公平兼顾"的市场经济淘汰准则，合理优化配置财政资金，将教育经费优先发放到效益好的高校。三是透明准则。公开透明地分配财政资金，将市场经济条件下的财政资金配置方式形成制度，避免人为因素的干扰。[①]

（二）高等教育资金筹集方式应形成规范的制度

逐步增加高等教育财政投入力度。另外，通过立法制定相关法律、法规，合理编制有关减免税收政策，激励相关企业、个人和社会对高等教育的资助和捐赠，共同促使高等教育事业蓬勃发展。另外，高等院校也应该着重体现专业技术优势和学术人才特点，在认真完成常规的教学计划和科研工作的前提下，依据目前市场经济供求导向，结合自身专业优势，不断拓展有利于市场经济的各种社会服务活动，多元化地增加经费来源，提高高校财政收入。同时还要针对高等教育的学生收费，全面地考虑地区之间的差异，经济发展水平的差异，自治地区多民族的不同，做到区别对待。

二、不断完善高等教育财政投入的立法和执法体制

在政策制度方面，应建立和完善对高等教育财政投入的保障

---

①金炳镐:《民族地区纲领政策文献选编（1921.7~2005.5）》，中央民族大学出版社，2006年。

机制，包括高等教育财政投入的来源、高等教育财政投入的分配和使用、高等教育财政投入的管理和审计、高等教育财政投入经费的改革以及执法监督机制和法律责任等。为了确保我国高等教育健康、良性发展，有必要加强高等教育法制建设和督导检查。在借鉴美国高等教育财政投入法制体系的经验基础上，建议不断完善我国高等教育财政投入的法律制度体系。笔者认为，可以从以下方面着手。

（一）立法方面

目前我国高等教育财政投入立法严重滞后，还没有关于高等教育财政投入建设的专门法律，只是在相关条例或法规中才涉及个别关于高等教育财政投入方面的条款，且条款内容笼统含糊，缺乏具体性和操作性，对高等教育财政经费的来源、分配、监督管理、绩效评价等方面都没有明确和具体的规定；同时，作为西部少数民族地区，宁夏也同样缺乏高等教育财政投入的相关法律制度体系，应该及早制定相关高等教育财政投入法规，不断改善我国财政资金合理分配的政府机制和高等教育财政法制体系，保证教育财政体制的公平、公开、透明。高等教育财政投入的立法内容应该尽量详细具体，至少要包括基本原则、立法依据、使用范围，政府对发展高等教育财政投入的具体责任与义务，高等教育财政投入的数额、来源、比例、分配结构、监督管理和绩效考核评价机制等。[1]

由此，国家应尽快颁布《高等教育投资法》，确定高等教育投资主体的职权，减少高等教育财政投入的风险，加强政府对高等

---

[1] 高靓：《美国少数高等教育政策的特点分析》，《高等教育研究》，2004 年第 4 期。

教育财政投入的法律援助和系统保证。还要构建一套完善的高等教育财政法律援助体系，及早颁布《国家高等教育助学贷款法》，明确规定"国家助学贷款的相关权利界定、违约责任、性质和意义等，使其作为国家高等教育助学贷款机制实施的法律依据，同时融入个人信用体系的建设，以法律、信用、经济、社会监督的形式来共同监督，确保高校学生助学贷款有法可依"①。

（二）执法方面

要明确高等教育财政投入的决策秩序，确立人民代表大会可以决策高等教育财政投入的分配，对重大的高等教育项目决策聘请组织专家进行可行性论证，对高等教育经费在整个教育预算支出中的比例，高等教育经费在全国不同地区和学校间的不同分配方案等事项的决定权，以及有关高职教育预算的经费项目、执行标准要在同级人民代表大会等机构上正式通过；以立法的形式明确规定各级政府必须保障高等教育财政投入，同时同级人大应加大监督与执法检查，追究不按照规定执法的各级政府职能部门相应的行政与法律责任。在此，特别要注意以法律形式明确各级政府及相关部门的行政责任，并且为严格执行各项法规，需要建立检查监督和责任追究机制，保障各项法律法规政策落到实处，对于违法违规相关责任人，应追究其行政和法律责任，严格克服"软预算约束现象"，在公共财政框架下，预算必须成为高等教育财政投入走向法制化的主要手段，要不断增强预算的公开化和透明化，接受社会各界人士的广泛监督，这是高等教育财政投入法

---

① 胡鞍钢、熊义志：《西部开发中的高等教育发展战略：基于知识发展框架》，《研究动态》，2010 年第 8 期。

制化的重要体现。

（三）规范高等教育财政行为，确保依照法律实现稳定增长

建立能保证高等教育基本活动运行所需经费。实现经济发展与高等教育经费投入的同步增长，扩大高等教育财政经费比例。"十二五"时期各级政府和有关部门要落实筹措增加教育经费的各项法律规定和政策措施，使中央和地方政府财政预算内教育拨款的增长高于同级财政经常性收入的增长，推动4%目标的逐步实现。有关部门应尽快落实教育经费在各级财政预算中单列的规定。各级财政每年的超收收入和财政预算外收入，也按不低于年初确定的教育经费预算占财政支出的比例，切块划出用于教育。加强对高等学校教育经费的管理与监督审计工作，依照法律法规切实保障高等教育的经费投入，并纳入各级政府及有关部门的绩效考核，同时把教育经费的合理使用和提高办学效益作为高等学校领导工作实绩的重要考核内容。

三、加大高等教育财政投入力度

政府投入不足是经费短缺的根本原因。从世界范围来看，发达国家公共教育经费占国民生产总值的比重均在5%以上，在发展中国家中巴西为5%、马来西亚为4.9%、墨西哥为4.6%，而我国财政性教育经费占GDP比重远低于世界发达国家和部分发展中国家。在教育经费分配上，政府对高等教育的投入远低于基础教育。教育消费具有强烈的外部性，是一种昂贵且有利于社会的投资，它既对受教育者本身有利，又会给他人和社会带来好处。如果按照市场经济的管理模式，完全把教育当作一种产业来办，那么高等教育对国民经济建设的促进作用也不会明显。教育产业化在理论上是不成立的，在实践中是行不通的，世界上没有一个国家对教育实行完全的市场化运作。从世界范围来看，在经贸组织 (OCED)24 个成员国中，对于高等教育经费的分担，私人渠道占 10% 以下的国家有 9 个，占 10%~30% 的国家有 11 个，超过 50% 的国家有 4 个，即智利、韩国、日本、美国。这说明，即使在以私有制为基础的资本主义国家，私人渠道经费也占有很大比重，但在教育经费投入中仍以公立机构为主。①私有制的资本主义国家尚且如此重视对教育的投资，那么公有制的社会主义国家重视投资教育更应是理所当然的事情。"这是因为在社会主义国家，公有制经济是社会经济的主体，是政府推动、引导经济发展的重要手段。因而教育的外部效益必然首先体现在对公有制经济的推动上。政府投入是高职教育经费来源的主渠道。政府设法加大对高职教育的投入是建立多渠道经费筹措机制的首要措施。"②根据《教育法》规定，政府要尽快实现财政性教育支出占国民生产总值比重 4% 的目标。同时各级人民代表大会要加大对有关部门财政行为的监督力度，确保财政性教育支出比重不断提高，确保 4% 的目标的顺利实现。

民族地区高等教育是在当地经济财力基础上起步的，而且面临历史欠账多、办学条件差、基础薄弱等种种困难，高等教育经费严重短缺是制约其发展的瓶颈因素。因此，必须加大高等教育资金投入力度，全面促进民族地区高等教育的改革与发展，同时积极争取国家发展民族高等教育的各项倾斜政策，一方面积极争取发达地区的对口扶持和支援，另一方面，民族地区高校应坚持

①林志华:《国外高教发展及投资渠道的多样化趋势》,《中国高等教育》,2000 年第 10 期。
②汪博兴:《建立多渠道经费筹措机制，促进高职教育发展》,《襄樊职业技术学院学报》,2003 年第 6 期。

自立更生的原则，广开财源，多渠道、全方位筹集资金；另外，还要充分挖掘高等院校内部的办学潜力，积极拓展经费来源，努力提高办学效益，调动社会各界参与办学。可以与发达地区的本科高校和当地有关高等职业学校采取共建、合作、合并等方式，共享高等教育资源，使高等学校具有较大的规模效益。同时，"民族地区高等教育应该结合实际情况走内涵式、外延式相结合的发展道路。'挖潜'和'扩张'都是相对的，鉴于民族地区实际，应以挖掘自身潜力为主。民族地区高校必须建立健全完善的运行机制，这对于调节其发展速度与规模、优化其结构、提高其质量和效益，对于推动民族地区高等教育事业健康平衡的发展具有十分重要的意义"。①

近些年，中央和省级财政不断加大对西部少数民族地区高等教育的财政投入力度。例如，"此前国家确立了13所高校为西部大开发重点支持建设院校，利用国债专项资金加大支持建设力度，每所高校仅一期工程就实际投入平均近亿元人民币，大大改善了这些高校的办学条件，这就是很好的举措。同时，要建立与公共财政体制相适应的高等教育投入体制，进一步完善以政府投入为主、多渠道筹措教育经费的西部少数民族高等教育投入保障制度"②。目前，我国国家财政性教育投入在整体教育投入总量中占比约为75%，宁夏"十二五"期间的财政性教育投入占整体教育投入总量不低于70%，这充分说明了增加国家财政性教育投入是增加整体教育投入以及民族地区高等教育投入总量的重中之重。保证全国高

---

①黄胜：《民族地区高等教育改革与发展的策略思考》，《贵州民族研究》，2006 年第 1 期。
②杨孝峰：《西部少数民族地区高等教育现状及发展对策》，《四川经济管理学院学报》，2008 年第 4 期。

等教育资金分配的公平公正，尤其是民族地区的公平公正，仅仅依靠市场的力量是远远不够的。在当前形势下，最现实性的做法只能是由政府对各地区高等教育进行财政拨款，尤其是对少数民族地区实施政策性倾斜，以帮助这些地区低收入家庭的子女尽可能平等地享受高等教育。同时，鉴于少数民族地区经济、教育、文化、科技等长期发展落后，高等教育起点低、发展缓慢，增加国家财政性投入仍然是解决少数民族地区高等教育财政投入不足，保障高等教育机会供给公平的重要措施，也是中央政府必须要承担的责任。

四、强化政府宏观管控能力

高等教育经费的资源配置要做到市场和政府调节相结合。总体来看，我国高等教育经费收入来源存在区域差异、学校类型差异以及内部结构性差异。高等教育经费来源结构呈现出单一性的特征，过度依赖财政性教育投入与学杂费收益，其他渠道经费来源所占比例过少。但是，高等教育同时具有公益性和私益性双重属性，其资源配置应该采用市场和政府相结合的方式，以市场调节保障资源配置的基础性、有效性和灵活性，以政府调节实现资源配置的方向性、整体性和稳定性。高等教育管理机制是指高等教育系统中各组成要素之间的相互关系，以及它们相互作用的过程和方式，因而，管理机制改革即是对这些要素间的相互关系及其相互作用方式的改变。政府通过对高等教育进行宏观管理调控，使高等教育系统内部诸因素之间的关系得以改变，在这一改革过程中，政府、市场与高等院校之间的关系发生了重大变化。

政府在高等院校的资金提供方面一要进行宏观调控，对民族自治地区的高等教育资金给予大力支持和合理配置，同时也要积极引入市场机制，通过市场这只看不见的手促使高等院校的资金

来源渠道多样化。其次，通过市场竞争的方式，使财政拨款成为宏观调控高等教育的一项重要手段，从而使政府与高等院校之间的关系发生转变。最后，为了保障高等院校的质量和办学效益，政府还应建立外部监控机制，对高等院校的办学质量和资金使用效益进行动态监控。通过这两大管理机制的有机结合和合理运用，使得政府既实现了对高等教育的宏观控制，又使市场在高等教育发展中发挥了越来越重要的作用。

当前，在我国市场经济条件下，政府要不断强化宏观管控的水平，不断优化资助体系的运行。"必须强化中央层面宏观政策的制定与引导，以对全国范围内高等教育资源进行优化配置，在此基础上，无论是中央政府还是地方政府都必须从'财'与'政'两个方面肩负起发展高等教育的公共责任，形成支持高等教育发展动态的、可持续发展的财政(财税)政策体系平台，并通过立法的方式对此予以保障，从而使之得以真正地贯彻落实。"①具体实施步骤为，首先要尽快建立相应的法律法规，对相关助学、奖学和金融贷款方面做出明确法规约束。"比如1999年颁布的《关于助学贷款管理的若干意见》等文件，国家应根据实际建立相应的贷款法，来引导学生正确使用贷款；其次，政府应调节金融机构和高校学生的关系，将学生的成绩与助学贷款的审批进行挂钩；再次，通过工学结合的模式培养人才，建立以高校产、学、研紧密合作的校企合作办学模式，再加上各种校企合作平台的建设，使高等教育的发展真正依赖于地方及区域经济的发展，地方经济的可持续发展又真正依托于高职院校的技术创新和高素质人才的

---

① 教育部高等教育司:《蓬勃发展的中国少数高等教育》,《中国高等教育》,2008年第6期。

培养；形成高等院校与行业企业之间的动态的、可持续发展的良性互动。"①

五、政府要厘清高等教育发展的宏观思路并优化高等教育财力资源配置

近些年来，受国家大力发展高等教育的政策引导，各地政府举办高等院校的积极性也持续高涨，在这一过程中不可避免地出现了同类高等院校的重复建设，以及不同院校间专业设置趋同低效等问题。这就要求中央政府应把高等教育放在重要的战略地位，以国家社会的全局眼光，对全国高等教育资源有一个面上的宏观指导和整体调节，从而加强高等教育资源的全国范围内的优化配置，以使之能更好地与国家经济建设和人才需求统一起来，从而促进经济社会的健康、持续发展。

在市场经济条件下，目前都在提倡将高等教育与市场经济发展需求有机结合，但还没有一个国家全部将高等教育推向市场，中央政府仍然也必须承担起相应的投资义务，发挥高等教育主要投资者的作用。高等教育其明显的外部性表现为它在经济社会发展中的重要战略作用，这决定了政府在高等教育发展中应担负不可推卸的责任。但在我国，由于现实中多种因素的影响和制约，经常出现政策偏差与政府缺位的情况，对高等教育"财"和"政"的投入，有时甚至不能满足政府对高等教育投入规模的基本要求。

因此，中央政府要从全国经济社会发展的实际出发，从宏观上优化高等教育资源的配置，规划和布局高等教育资源，构建一整套完善的、良性发展的、开拓进取的、可操作性强的高等教育

①刘旭东、傅松涛：《公平与效率：高等教育资源配置中政府与市场的角色适位与融合》，《教育理论与实践》，2011 年第 12 期。

财政政策体系系统，从而严格规范我国高等教育财政转移支付制度，积极有效地促进各民族、各地区间高等教育的均衡发展。中央财政转移支付要认真考虑地区差异，尤其对少数民族自治地区应予以适当倾斜和照顾，平衡民族地区间的高等教育财政投入差距，增加中西部少数民族地区高等教育的投入，逐步缩小地区高等教育投入差距，促进全国高等教育协调发展。同时，改变过去主要依靠行政手段、计划手段实施资源配置的模式，引入市场供需机制，结合财政公平原则，合理确定拨款规模，以实现教育资源的公平分配。首先，实现全国地区间的总体均衡。多年来我国教育投入一直采用的是优先满足较发达城市的模式，投入路径基本是由省会城市到县、乡镇，最后到农村。这种模式符合我国早期教育落后，亟须先发展一批教育发达城市，带动全国教育水平的需求。但随着社会经济发展及教育水平提高，这种"倒金字塔"模式造成了越来越大的地区差异，导致了教育不公。因此有学者建议将"倒金字塔"翻转过来，教育资源的分配流向由原来的"自上而下"转为"自下而上"，加大对西部少数民族边远地区和农村地区教育资源的投入力度，从而形成教育资源配置的均匀四边形状态，达到社会教育资源的公平分配。①

其次，通过财政转移支付，支持不发达地区高等教育发展，缩小由于地区经济及教育发展水平不一致而产生的分配差距。对于民族地区的高等教育和民族高校的财政支持还应结合其历史、文化、社会因素集合形成的特殊需求加大倾斜力度，特别是要配合民族高等教育发展，支持民族地区产业结构的调整，

---

① 文忠长：《促进西部少数民族地区教育发展的政府责任》，《山西财经大学学报》(高等教育版)，2009 年第 3 期。

防止出现"人才难引进，引进了人才无处用"的怪圈。

最后，实现高校体系内的均衡。教学型高校与科研型高校之间、重点高校与一般高校之间、民族高校与普通高校之间，由于发展需求的不同，对不同类型高校财政投入规模和投入支持建设内容均应存在差别。这需要各级政府在完善财政拨款模式，优化财政拨款指标体系的基础上，合理确定财政配置规模，通过财政分配引导高校沿着正确的方向发展，从而推动高校体系内部实质性均衡的实现。

六、中央和地方政府要明确角色定位，建立起以中央财政资金为主体的高等教育投入体系

高等教育属于准公共物品范畴，具有比普通教育更为强烈的公共性和外部性特征，具有极大的溢出效应，离不开高等教育财政的有利保障，因此政府必须承担起保障和发展高等教育的责任，建立起一套科学完善的以中央政府财政投入为主体的高等教育财政投入体制。行政控制是我国政府调配教育资源与控制高等院校发展的重要手段，但中央与地方财政责任功能界定上存在边界不清、责任不明等问题。首先，中央政府要充分发挥中央财政资金在发展高等教育方面的宏观指导和绩效调节作用。这对于像宁夏这样一个区域特征明显、区域发展不均衡的地区来说，显得尤为重要。中央财政和地方财政权力与责任范围应予以重新界定，改变传统意义上的中央财政经费投入，使用的局限性、片面性，使得公共财政的阳光更加关注到教育的公平与效率。一方面通过转移支付手段，中央财政可以弥补宁夏地方财力薄弱地区高等教育对公共资源的需求，实现公共教育资源的优化配置；另一方面可以通过建立一套科学规范的高等教育学生资助制度，保障中央财

政对民族地区贫困学生进行资助，对家庭条件困难的民族地区学生进行补偿。在中央资金的激励与调节的具体操作方面，我们可以汲取国外通过自由竞争和公开招投标的方式进行的经验。我国有着广阔的地域，各地区之间的差异造成宁夏地区高等教育的专项经费投入管理相对较难，可以借鉴美国的经验，面向全国公开招标专项经费，使国家的调节功能更加高效。

对高等教育实施收费政策是为世界各国所认同的，但学费是用于弥补成本消耗、使教育活动得以持续的事业收费，其性质介于通过国家强制性手段征收的税费额和通过市场的自由选择而得到的劳动回报[1]。但当学费导致家庭生活水平显著下降，并成为影响高等教育公平的主要原因之一时，在某种意义上说明政府财政没有承担其应支付的高等教育成本，学生资助体系不够完善。比如美国由于有相对完善的向低收入家庭倾斜的学生资助政策，因此尽管美国高等教育收费水平不断提高，但高中毕业升学率从1980年到1993年仍然增长了13%，同期低收入家庭的高中毕业升学率也从1980年的33%增长到了1993年的50%。因此在高等教育普遍实施收费制的情况下，基于民族地区贫困生比例高，少数民族家庭收入水平普遍较低的实际情况，完善民族高等教育奖助贷体系是当务之急。

在前述章节笔者已经分析了由于民族地区的学生和家庭对于偿还贷款能力的预期很低，再加之少数民族学生在就业市场受到的非制度性社会排斥及地域闭塞所带来的政策信息不畅通，因此大大影响了助学贷款政策在民族高等教育助学中的作用。在这种

---

[1]孙宵兵:《教育的公正与利益》，华东师范大学出版社，2004年，第114~115页。

情况下，我国有必要加强在国家奖学金、国家励志奖学金、国家助学金和勤工助学等其他资助方式上的投入力度。

首先，扩大奖助资金的受益面，提高少数民族学生的资助标准。我国国家助学金的资助标准为 2000 元，每年资助 340 万名家庭经济困难学生，约占在校生总数的 20%；国家励志奖学金每人每年资助 5000 元，每年有 51 万名品学兼优的家庭经济困难学生可以获得资助，约占在校生总数的 3%；国家奖学金每人每年奖励 8000 元，每年奖励 5 万名特别优秀的学生，其中国家助学金是资助高校包括高职在校生中家庭经济困难学生；国家励志奖学金具有奖励资助的含义，包括高校和高职品学兼优的家庭经济困难学生；国家奖学金是不论贫富，奖励特别优秀的学生。[1]我国励志奖学金和国家奖学金全年覆盖不到 60 万大学生，而美国联邦政府的佩尔奖学金，每年都有超过 400 万大学生获得，最高限额是 3000 美元，可见当前我国政府奖学金覆盖面还很有限。少数民族学生普遍学习基础薄弱，因此能纳入此范围的更是微乎其微。另一方面我国国家助学金的年资助标准明显偏低。2009 年有学者对西部地区高校大学生做了月消费调查，其中近 70% 的月消费额在 300—500 元之间，暂不考虑近年物价上涨因素，则一年下来一个西部大学生基本生活开支也要 5000 元左右，再加上文具、书籍、信息搜索等必须的学习开支，和远途交通费用（少数民族大学生大多异地就学），当前国家助学金的标准还有待提高。

其次，丰富国家专项资助内容，减轻民族高校助学负担。国家要求学校从事业收入中拿出 4%～6% 的经费用于助学，而民族院

---

[1]孙宵兵：《教育的公正与利益》，华东师范大学出版社，2004 年，第 114~115 页。

校年均助学金支出占当年事业收入的比例超过了 9%，这一方面说明了国家对民族院校专项投入的奖助资金不足，另一方面也说明了民族院校相较一般高校有更大的奖助需求。因此，建议在适度提高民族高校助学专项额度的同时，增加勤工助学专项投入（目前勤工助学支出由各高校通过日常运行经费解决）。勤工助学既可减轻少数民族大学生的生活困难，增加他们的实践经验，还有利于加强他们与汉族群体的交流，增进社会对他们的了解。正由于勤工助学是十分有益的助学方式，民族院校通过校内预算对勤工助学的投入逐年递增。如中南民族大学自 1995 年以来，勤工助学经费投入从 30 万元增长到 260 万元；校内勤工助学岗位从当初的150 个发展到 1800 多个，校外勤工岗位发展到 3000 多个①。但利用基本支出安排过高的助学金支出显然是不合适的，这会进一步加大民族院校办学经费紧张的压力，因此减轻民族高校助学负担应该纳入完善我国国家高等教育资助政策的考虑中来。

最后，完善学生奖助评定机制，保证资助资金发挥实效。大学生资助政策是否能够真正发挥实效，关键一环是发放对象的确定。不可否认目前我国资助条件的设计、审核、流程等方面还存有缺陷，资助工作的宣传通道还不畅通，这较大地影响了我国高等教育奖助资金的投入效益和我国教育公平的实现。因此我国民族高等教育的奖助政策一方面要在评定机制上继续深入改革，借鉴美国资格认证资助体系，实现学院和学生两级资格认证，细化资助对象的划分，有针对性地测算资助标准；另一方面建议适当扩大民族资助政策的受助范围，不仅仅将受助对象限定于少数民

---

①资料来源于 http://www.scuec.edu.cn/stu/news.

族，还要将政策实施范围扩大到在实践中致力于为民族地区服务工作者的子女。

七、 中央明确财政投入主体的责任和义务

《中华人民共和国教育法》明确了以国家财政拨款为主的投入体制，规定了政府是高等教育投入的主要责任者。特别是我国民族高等教育投入来源单一，主要依靠财政资金，因此如果财政投入不到位，会极大地影响民族高等教育的公平发展。为了加强各级政府办教育的积极性，主动挖掘地区教育财政投入潜力，必须通过立法手段明确政府在高等教育财政投入中的责任和义务，确保对高等教育的财政投入额达到合理的比例，落实"中央和地方政府教育拨款的增长要高于财政经常性收入的增长，并使按在校学生人数平均的教育费用逐步增长，切实保证教师工资和生均公用经费逐年有所增长"①的财政性教育经费"三个增长"的要求。清晰划分中央财政和地方财政的权责，用法制手段保证加大高等教育财政投入，保证民族高等教育财政倾斜支持足额到位。

八、 强化监督机制和法律责任

高等教育财政管理机制的健全，首先要加强完善财政预算管理制度，树立绩效预算理念，引入绩效拨款机制。进行高等教育财政预算的目的是保障高等教育的财政经费，"对于中央层面，高等教育财政经费预算应明确列出用于高等教育宏观调控(包括转移支付等)，引导、激励分配的中央财政安排资金和中央层面负责集中统筹安排的(如高等教育基金等)高等教育经费；作为高等教育财政经费来源主体的地方政府，对于高等教育财政经费的来源，应明确列

---

① 引自《中国教育改革和发展纲要》(1993 年颁布)。

出来自政府投入和学生收费渠道的教育经费总量，以统筹安排使用。在高等教育经费的支出上，必须明确高等教育财政预算经费在不同类型职业院校间的分配，以及在高等院校内部人员经费和公用经费的划分比例；明确高等教育财政预算的执行和审计细节；明确高等教育财政预算修改和调整的条件范围，以及包含上述内容的教育财政预算应单独经人大审议通过，保证其顺利执行，同时，对于高等教育财政预算管理制度要逐步引入绩效预算的理念，按绩效与结果相挂钩，预算以绩效为依据的原则，加强预算管理，提高高等教育财政经费支出效率，确保有限的教育经费发挥最大功效"[1]。但到目前为止，我国对民族高校财政拨款的倾斜具体方式及标准尚无具体政策或条款可循。制度保障的缺失，为民族高等教育财政优惠政策的执行带来了太大的弹性，既不利于民族教育优惠政策落实到位，也不利于明确政府所应承担的支持民族高等教育发展的财政责任。建议在《高等教育法》或《预算法》中明确对民族高等教育应实施优惠的财政政策，并在相关实施办法中具体化民族高校财政拨款的优惠措施及标准，使对民族高校的财政倾斜支持刚性化、可量化、可考评化。如此，民族高等教育的财政支持也会被置于法制的监督体系下，从而切实保障民族高校得到稳定和持续的财政支持。

在加强我国高等教育财政法制体系建设的同时，还必须加强监督机制的建设，保证从财政预算编制、审核、拨款、执行到反馈的各个环节均在有效的监督体系中，并将监督的实施机构、方

---

[1] 秦福利、陆芳：《高等职业教育财政性投入不足的现状分析与对策》，《纺织教育》，2011年第5期。

式、频率都明确规定下来，以便于及时发现问题，充分发挥财政法制的纠错功能。同时，明确相应责任人应予承担的行政责任、法律责任。我国现行财政法规并未提及法律责任，这大大弱化了相关法规的严肃性，降低了违法人员的违法成本，致使财政法规条款的具体实施得不到充分的保障。因此，为了保证民族高等教育财政优惠政策落实到位，必须逐步建立有效的问责制。

第二节　民族自治地方省级财政教育部门层面的策略

一、扩大省级财政对高等教育的投入责任

民族自治地方保障高等教育的财政投入，需要强化省级政府在发展高等教育中的重要作用和投入责任。当地政府应在充分了解高等院校办学模式及财政运作模式的前提下，改变高等教育财政支出的范围。在建设创新型国家和西部地区民族特色高等院校的战略背景下，公共财政更应该加大对高等教育的支持力度。高等教育培养的是适应新型信息化、工业化和现代化的高水平、高技能和实用型人才，对产业结构的优化升级、改善民族自治地区的劳动力就业水平和综合素质具有十分重要的现实意义，因此，民族地区高等教育应当作为未来一个时期教育投资增长的重点。在对高等教育经费投入总体增长的基础上，地方政府更要加强对高等教育的财政支持力度，使对高等教育财政投入的增幅略高于当地GDP的增长。同时，还要逐步推进高等教育经费在政府预算中的比例，以制度化的规范保证基本的高等教育经费投入。

另外，地方政府除了要发挥财政投入的功能外，在税收政策

方面也应该实行对高等院校、高等教育援助单位和私人投资单位有利的税收优惠政策，通过税收减免等刺激他们对高等教育的社会投资，加大全社会对高等教育的重视程度和支持力度。但当前由于一些地方和部门并没有认清发展高等教育对于发展区域经济的重要战略作用，导致管理体制不畅、部门职责交叉、政出多门的问题。因此必须在中央层面的宏观引导与调控下分级管理，对地方教育经费投入的比例进行量化与预算控制，并以地方为主落实各级政府管理高等教育的权利与责任。从高等教育产品属性来看，尽管高等教育产品具有强烈的个人受益的特征，但从当前我国经济发展战略高度来看，高等教育还兼具有广泛性，因而不论是国家管理部门还是各地管理部门对于拓展高等教育均有无法推脱的责任，政府无论是在"财"的方面还是在"政"的方面都要有所作为。

具体到宁夏高等教育财政管理制度上，自治区政府要坚决贯彻落实发展高等教育的财政资金，认真落实高等教育财政支持的政策。自治区政府有关部门有必要采取措施，进一步加大教育税征收与高校管理工作力度，严格依照相关法律规定，认真落实国务院明确提出的关于教育附加用于高等教育比例的规定，尽快出台地方教育附加费征收政策，并足额征收，大力支持高等教育事业的发展。自治区政府在高等教育财政投入中必须居于主体地位，多策并举稳定高等教育经费来源。

尽管宁夏属民族地区，经济比较落后，财政收入有限，政府财力不足，但必须保持逐年提高国家财政性教育经费占国民生产总值的比例，积极筹措资金，保证完成财政教育资金占 GDP 比例4%的任务。并且"政府要大力加强对高等教育的重视程度，将高等教育作为自治区培养高级人才和发展民族经济的重点，加大财政支持力度，按规定标准及时拨付包括学校公用经费、高校发展专项经费在内的各项经费，强化高等教育资金管理，利用民族地区的各种优惠政策和优势多方面筹措资金保证高等教育经费充足投入。自治区政府要敢于担当，积极承担应尽的责任和义务，只有这样，宁夏高等教育才能获得比较长期稳定可靠的发展资金"①。

二、开辟多元化的高等教育财政投入新渠道

民族地区发展高等教育，要积极创新高等教育财政投入方式，优化财政投入结构，提高财政投入效益。高等教育为社会提供准公共性服务，具有办学主体多元化、教育活动市场化等特征。政府不能包办，教育财政资金投入的分配应坚持有所为有所不为的原则，引入竞争机制，体现财政投入的引导作用。

"根据高等教育的办学特点，政府和各级教育主管部门可以采取奖励、补助、贷款、培训等灵活多样的激励方式，完善财政、金融、税收和土地等优惠政策，鼓励社会力量出资、捐资办学。要积极鼓励与调动社会力量对于高等学校的投入，改变高校目前以国家拨款为主、社会投入为辅的投入方式，来支持高等教育事业的发展，加快高等院校市场化与国家宏观调控相结合的改革步伐，加大企业对高等教育的投入。企业是高等教育的受益者之一，可以通过直接和间接两种投入方式实现对高等教育的支持。企业对高等教育的直接投入主要是为高等学校提供的研究经费、委托培养专门人才的费用，对高等学校设施设备的捐赠等。在直接的财政投入上，应取消对高等教育财政的无偿投入，以购买教育成果的方式对其进

①孙继甫：《公共财政下的高等教育财政制度问题研究》，《东北财经大学学报》，2010年第 2 期。

行奖励、补助或贷款贴息以鼓励高职学校培养适合社会发展需要的实用型人才，并以实现就业或创业为依据，对学校进行财政职业教育补助资金的分配，这样，通过财政杠杆的引导、调控作用，既可以促进高等教育事业的发展，又能最大限度地提高财政投入的使用效率。"[1]

宁夏教育经费的投入在全国来说是比较低的，就目前宁夏的社会经济水平，解决高等教育投入少而需求量大之间的矛盾，仅依靠政府和学校不足以解决，要充分发挥政府调控与市场调节的双重作用。宁夏高等教育财政机制改变的主体方向和重中之重是解决约束宁夏高等教育发展资金的匮乏难题。自治区政府要积极鼓励各高等院校解放思想、开拓思路，不断开发高等教育财政投入的新渠道、新方向。"开源"和"节流"是解决宁夏高等教育经费不足的两条根本途径，而其中的"开源"无疑是解决问题最根本的途径。宁夏高等教育的"开源"就是建立高等教育经费多元化的筹集模式。根据发达国家和国内其他发达省份高等教育办学的成功经验，可以看出都是以国家财政性教育经费为主，多渠道、多元化筹措方式并存的财政体制。在维持国家财政性拨款主渠道地位不动摇的前提下，积极拓展高校自身渠道、发挥自身优势，多渠道扩大非财政性教育经费来源渠道和支持比例，不断调动全社会的积极性，增强全社会对高等教育的关注力度，争取社会、企业和个人资金投向高等教育发展。只有这两方面有机结合，才能不仅使中央政府和自治区政府从高等教育的巨额资金压力中

---

[1]朱清馨:《高职教育财政投入的分析与思考》,《宁波职业技术学院学报》,2012 年第4期。

逐渐解脱出来，在客观上减轻国家和自治区政府对高等教育投入的负担，而且能使全社会都来关心和促进宁夏高等教育的发展。

（一）积极改进宁夏高等教育的税收优惠政策

按享受教育优惠对象的性质来分，民族地区高等教育税收优惠政策既包括对民族地区高校及校办企业的税收减免，也包括向受教育者提供的税收减免。目前宁夏高等教育税收优惠政策存在的主要问题有：一是高等教育税收优惠政策主要针对高等教育机构，面向受教育者个人的还没有实行；二是高等教育捐赠社会和个人的优惠不到位，没有形成激励性政策效应。因此，我们应积极借鉴美国等发达国家的优秀做法，从以下几方面改进宁夏地区高等教育税收优惠政策：第一，加大对受教育者的税收优惠力度。第二，严格区分营利与非营利性办学机构的支持政策，调整民办高等教育的税收政策。非营利性民办高等教育机构具有较强的社会性和公益性，因此，自治区政府应对非营利性民办高校给予优惠政策待遇，鼓励民办高校加大对宁夏高等教育事业发展的支持力度。第三，鼓励社会和个人的教育捐赠行为。凡捐赠于教育的支出，对于所有纳税人都应该在税前予以扣除，凡法人和自然人的高等教育储蓄，都应免除利息税等。通过这种激励性政策不断激发社会各界的捐赠积极性和对高等教育的关注与支持。[1]

（二）在教育储蓄中专设民族地区高等教育储蓄项目，适当提高储蓄的最高限额

目前教育储蓄长年保持最高限额仅为 2 万元，这一数额与我

---

[1]杨广军：《我国高等教育公平的制度性障碍及政策建议》，《当代教育论坛（上半月刊）》，2009 年第 10 期。

国现实的消费水平和高等教育费用，尤其是民族地区高等教育的费用相比是严重偏低的，而且这一限额从教育储蓄设立以来，并未随着经济发展和消费水平的增长而有所调整。①

（三）实行高等教育发展基金制

教育基金是由社会捐资设立，交由专门机构投资运作，投资收益用于资助教育事业的新型基金。教育基金在发展教育事业中发挥着重要作用，它的社会性和时效性极强，能在很短的时间内把社会闲散资金快速聚集起来，弥补教育投入不足，支持教育事业的长足发展。在自治区高等教育经费紧缺的情况下，在宁夏地区设立高等教育基金对高等教育事业的发展将会发挥切实有效的作用，而且能够扩大高等教育发展的社会关注度。从长远来看，这是一种良好的高等教育发展趋势，逐步实行高等教育基金制是一项大势所趋的重要举措，目前时机已经成熟。宁夏应紧跟步伐，将国家和自治区政府的高等学校拨款逐步向高等教育基金过渡，逐步实施高等教育财政拨款制度的改革，以普通基金加专项基金的方式分配宁夏高等教育各项事业费。

（四）深入推进民族地区高校部门预算改革，严格执行高等教育资金预算拨款制度

高等教育预算拨款制度是自治区政府支持高等教育事业发展的基础制度，也是高等教育财政政策的核心内容之一。近年来，宁夏地区的高等教育预算拨款制度历经多次改革，不断健全和完善，极大地促进了宁夏地区高等教育的办学质量和服务社会经济

①孙继甫：《公共财政下的高等教育财政制度问题研究》，《东北财经大学学报》，2010年第5期。

的发展能力。但是，现行高校预算拨款制度存在项目设置交叉重复、繁杂混乱、内涵式发展的激励引导作用不够鲜明等问题。因此，宁夏要结合高等教育的发展实际，积极改革和完善高等教育预算拨款制度，提高民族地区高等教育资金节约增效的实效性，进一步提高经费使用效率。"一方面政府本着'透明、公平、效率'的原则，将资金分配给民族地区高校，进行有效的资源配置；另一方面，更重要的是自身要提高资源的使用效率。在这种预算管理办法下，民族地区高校应解放思想、创新理念，加快形成以国家财政拨款为主、多渠道筹措社会资金为辅的高等教育财政预算新格局，不断加强高等教育经费预算管理的严肃性、合理性、科学性，最大限度地发挥高等教育资金的使用效益。"[①]

当前我国高等教育财政拨款实施的是政府—院校的二元体制，这种体制下社会参与性不强。民族高等教育中来自学生、家庭、教师、机构及社会的需求无法体现，也缺乏反馈机制，导致了民族高校财政投入结构不完善，虽加大投入但效果不佳等，因此强化我国财政拨款体制中的互动机制是十分有必要的。建议参考国外拨款体制中的先进经验，增加"中间层级"，由过去的"二元"体制转化为"三元"，改变过于粗放的拨款体制，这也是我国高等教育体制改革中转变政府职能的现实需求。[②]对于民族高等教育来说，关键是要在这个中间层级中设置民意智囊团，其组成者应该包括较大比例的民族教育工作者或是专家，其职能是充分了解民

---

①宋洁绚、贾永堂：《建立健全高教拨款中介组织的法学视角——从"拨款委员会"到"高教基金会"的法学透析》，《现代大学教育》，2004 年第 6 期。
②唐万宏：《绩效评价：高等教育投入机制改革的政策导向》，《中国高等教育研究》，2007 年第 2 期。

族高等教育中的种种特殊需求，能够根据当前民族教育的现状和国家教育发展实际，提出最佳的拨款建议方案，并能及时向民族高校及民族地区反馈和解读教育财政政策信息，从而使财政拨款单向传动机制变为互动机制，保证有限的资源得到最有效的分配，并更好地帮助民族高等教育工作高效利用分配资源，走上良性循环发展的道路。

三、建立高等教育资金管理的监督检查长效机制

构建高等教育资金管理的绩效评价指标体系是对高等教育财政投入使用效益进行衡量的有效方式和手段。"所谓投入绩效检查指标，主要是反映高等教育活动中政府、学校等在人力、物力、和财力方面的投入情况，反映投入水平的指标有总量、增量和质量三类。其中投入的总量体现在政府对高等教育支出的努力程度上，增量集中反映在对高职教育的财政投入是否达到或满足了教育发展的需要和预设的政策目标，而质量则是在一个区域范围内、一定时期的高等教育经费投入中是否可以通过经费来源、经费比重和经费增长率来反映。其中，财政性教育经费占高等教育总经费的比例具有重要作用。通过构建监督检查评价体系，一方面，可以帮助财政部门、教育主管部门及时准确了解到有关高等教育财政性资金利用效率的高低，从而进行合理的宏观调控，将有限的教育资源投入到更高效、更需教育资金的学校；另一方面，可以督促绩效较差的高等院校及时进行整改工作，以改善教育资金的使用方案，提高资金的使用效益。"[1]

---

①朱清馨:《高职教育财政投入的分析与思考》,《宁波职业技术学院学报》,2012年第4期。

（一）建立完善的财政监评指标体系

1. 确立财政监评的目的、项目和重点。首先，明确高等教育财政监评的主题、目的和对象范围；其次，根据国家的政策法规和高等教育的发展状况，确立近几年高等教育财政监评的项目和重点，有针对性地进行监控。

2. 制定工作指标和绩效指标。制定全区高等教育经费支出水平、来源构成、资源配置与使用效率、各市县政府对高等教育的投入金额、资金使用效益情况等指标，通过建立科学、合理、严谨的高等教育绩效考核指标体系来客观、公正地评价高等教育各项资金的支出效率和使用效益，真实、有效地反映出高等教育财政投入绩效评价的"效益性""科学性"和"实用性"，以便自治区政府各部门根据其评价结果及时调整高等教育财政政策和资金使用方向，切实有效地发挥资金的使用效益。

（二）完善高等教育财政投入的监督管理机制

1. 加强人民代表大会的监督权利与责任。首先，加强人大对高等教育经费预算的重点专项资金项目、金额、标准和高等教育经费在整个教育预算支出中的比例进行监督和检查，改变现行的省级财政部门资金管理和分配权力过大、高等教育资金分配不透明的状况。其次，尽快制定《高等教育财政投资法》，增加各级地方政府对保障高等教育投入力度和比例的约束条款，严格授权同级人民代表大会监督与执法检查的权力。

2. 建立独立的高等教育财政拨款监督员制度。目前宁夏高等教育拨款的透明度不高，财政监督者往往是政府的某些部门，监督的客观性、公平性、真实性和有效性有待考证。因此，应当建立独立的第三方高等教育财政拨款监督员制度，由政府公开组成

专家组和监督组担任财政监督者，授权他们随时对各级地方政府的高等教育财政投入情况进行核实。专家组和监督组保持相对的公平性和客观独立性，以保证监督结果的公平、公正，确保全区高等院校和学生的切身利益得到有效保障。

（三）引入高等教育绩效考核机制

随着近几年国家对高等教育的重视程度越来越大，高等教育的资金支持也不断加大，社会各界开始纷纷关注高等教育投入经费使用合理化问题，并开始密切关注高等教育的资金使用效益问题。加快引进对高校的绩效评估考核体系，一方面可以加快高等教育资源的优化配置进程，提高资金的利用效益，促使高校自身管理能力提高；另一方面绩效评估模式也可以作为政府对高等教育进行宏观调控的一种方法，通过制定相应的绩效考核办法引导高校的发展方向。

在当前国家高等教育财政管理制度改革的新形势下，宁夏必须要依据效率、公平、公开的基本原则，结合自身的实际情况和发达国家、其他省份对于高等教育财政投入管理的有益经验，对宁夏地区高等教育财政投入机制进行严格改革。宁夏高等教育财政投入管理机制的改革方向是切实加强绩效评价和预算公开制度，兼顾公平与效率，使有限的高等教育资源发挥最大的经济和社会效益、生态及可持续效益。因此，自治区政府首先应当建立健全科学、严谨、合理的高等教育质量考核和财政指标评价体系，以绩效评价结果衡量各高等院校教育投入资金的使用效益和质量。其次，要保证分开拨付高校教学的常规拨款与重大专项拨款，建立相应的激励和约束政策，促进学术水平的提高，使高校间建立起既合作又竞争的良性发展氛围。最后，还要不断加快政府的职能转变，给高校更大的自主权和独立权，形成政府宏观管理、高校自我约束、社会参与评价三者有机结合的良性机制。总之，宁夏地区高等教育财政投入的基本原则要以绩效考核为基础，提高资金使用效率，切实体现公平客观、解放思想、创新理念、与时俱进，最大化地适应宁夏高等教育发展的实际需要。

（四）有效行使财政的宏观管理权和调控权，实现财政预算中事权和财权的统一

现行的国家预算中，按预算等级依次分为类、款、项、目四级，教育事业费属于文教科学卫生事业费类中的款级。教育基本建设费属于基本建设类中的社会文教费款级。为增强拨款程序的公平性和透明度，应实行各级财政的教育经费预算单列，将教育经费在国家和地方财政预算中的款级地位升格为类级，使教育事业费和教育基建费在类级分配后统一由教育主管部门支配，进而实现教育经费事权和财权的统一。只有这样才能确保政府对教育的足量投入，克服教育发展与政府拨款相脱节的弊端，提高教育投资的使用效益；减少教育经费核拨过程中的主观随意性，根据教育发展的轻重缓急和自身规律来核拨经费，兼顾公平与重点，进而实现教育资源的优化配置；确保教育主管部门有效行使财政的宏观管理权和调控权。

第三节　民族自治地方高校教育与财务部门层面的策略

在当今知识经济社会，高等教育从社会的边缘走向了社会的中心，已成为重要机构，肩负着培养高级知识人才和发展科学技

术的重要责任，高等教育的发展与国家的发展关系日益密切。每个地区、每个民族、每所高校都具有自身的差异性和民族性，都有其自身的发展逻辑，如果不给高等院校以足够的发展空间和自治权力，反而会起到制约和阻碍其发展的作用。政府在对高等教育进行宏观管控的过程中，要尽量避免对高等院校内部事务的过度干预，使高等院校拥有充分的自主权。唯此，高等教育才能为我国经济与社会发展作出更多、更大的贡献。

一、构建高等院校自我评价体系，切实提高地方高等教育资金使用效率

高等院校自我评估检查是整个高等教育绩效考核评价体系的基础。自我评价是高等院校以科学、公正、客观的审视态度，对本校各项教育专项资金的投入情况和产出效益进行的自我检查与评价。高等院校通过自我评估促进资金使用效益最优化，营造不断提高教育财政投入效率的氛围；通过自我评估建立完善的资金使用监控体系，对决定各项高等教育资金的使用过程进行系统、有效的管理；通过自我评估制定本校一定阶段的工作指标，根据评估监评的项目和重点，确立教育财政工作的各项指标。根据国家的政策法规和高等教育的发展状况，确立近几年本校教育财政监评的项目和重点，有针对性地进行自我监控。高等院校在自我检查和评价的基础上形成一套完整、规范的高等教育财政投入绩效评价年度质量报告，这既是高等教育资金评价考核的重要参考，也是教育部高校信息公开清单的内容，为合理使用高等教育各项资金、规划下年的教育资金使用方案作重要参考。

二、拓宽融资渠道，发挥市场机制在教育资源配置中的积极作用

（一）引导企业加大投资，引导高校向应用型转变

随着高等教育社会服务职能的不断扩大，通过科技开发和校办产业获得教育经费已成为共识。因此，通过转变观念，走产、学、研结合之路，使科学研究、科技开发和校办产业三者并驾齐驱，成为高校经费来源的重要渠道。高等院校应当加强高等教育机构自身的造血功能，通过产学研结合获取资金，利用高校的科研优势进行创收，并将科研成果转化为生产力来增加自身投资，通过校办产业收益、科技成果转化等多渠道、多途径拓展高等教育经费来源。宁夏各高等院校要充分挖掘自身优势，将其变成融资的工具。各高校在科技立项上应重点支持应用性较强、便于生产推广的项目，鼓励教师面向企业争取既符合自身专业特色，又能促进企业发展的横向课题，多渠道筹集科研建设资金，加强与企业间的科研合作，最终将自身专业的资源优势转化为企业发展的生产优势；还可利用科研成果转化为生产力，加强企业的科学化运作管理水平，通过当前市场需求结合自身专业优势积极创建校办企业，增加经济效益，为学校的快速发展提供更多的财政保障。例如，高等院校可以利用自身的科研优势和技术优势，研发和创新适用于市场需求的新产品、新技术，进而采用出售无形特有资产，如专业技术、专利权和特许经营权等而获得一定的教育资金，为高等教育发展增加资金支持。[1]宁夏应当借助"东西部合

---

①唐万宏：《绩效评价：高等教育投入机制改革的政策导向》，《中国高等教育研究》，2007 年第 6 期。

作""西部大开发"等政策的支持，跳出宁夏，在东部发达地区乃至全国寻找与相关企业建立稳定的"校企合作"关系的机会，同时发挥宁夏高等教育发展的优势。宁夏是我国回族人口聚居最为集中的地区，应当办好极具民族特色的高等教育，将民族特色专业与当前市场经济需求紧密结合，借助中阿合作的东风为宁夏的毕业生在就业时走向全国、全世界提供一个平台，为宁夏高等教育发展特色专业提供契机。

（二）广泛吸纳社会捐赠，吸引多渠道投资主体

高等院校要拓宽融资渠道，提高民众参与度和社会参与度，坚持一主多元模式，吸引多渠道投资，充分发挥为地方经济发展服务的职能，努力扩展自筹经费的渠道，并开展收益性的服务项目。同时应加强宣传力度，鼓励企事业单位和公民个人对民办高等学校的捐赠。加大社会舆论宣传，形成公众对于高等院校办学质量的普遍认可。高校要利用已有社会声誉，吸引多渠道投资，如企业捐赠、民众捐赠、校友捐赠等。只有这样，高校才能吸引民间投资，成为自主办学、自我约束、自我发展的独立办学实体。另外，我国也可以参照国外高校的奖学金制度，设立由政府资助的奖学金和由学校本身资助的奖学金，从而吸引更多学生进入高等院校就读，提高综合素质。多渠道的投资体系保证了高校不依赖于政府投资，使得高校获得的资金具有稳定性和灵活性。

随着宁夏高等教育的快速发展，人们对高素质人才的日益重视，社会对高等教育的认同度也日益提升，优秀校友对母校的感恩回赠也为社会所推崇。因此，"在政府经费投入有限的情况下，社会捐赠已经成为高等教育经费的另外一个重要来源。宁夏各高等院校应利用已有社会声誉和院校特色，积极吸引多渠道投资，

积极争取社会各界人士和企业的资助，同时要大力鼓励和培育一批高质量、高水平的社会捐赠事业的非营利组织，加快制定个人、企业和社会团体捐赠教育基金免税政策，建立健全一套科学完善的社会捐赠表彰奖励制度，积极鼓励社会各界对宁夏高等教育发展的大力支持，全方位拓展社会资源对高等院校的捐赠资金来源，以此增强社会各组织和团体对宁夏高等教育的关注力度，促进企业、个人和各社会团体的捐赠积极性，形成为高等教育捐资助学的良好风气，全区上下齐心协力，共同推进宁夏地区高等教育的快速健康发展"[1]。

三、积极发挥民族区域特色，实现高等教育的可持续发展

民族高等教育作为民族教育的最高层级，担负着为民族地区培养高层次科技人才、传播科学文化知识以及构建"人才高地"的育人重任。经过近些年的跨越式发展，民族高等教育已取得了令人瞩目的辉煌成就。在民族地区全面建设小康社会、强力推进"西部大开发"的新形势下，民族高等教育也处于发展的十字路口，其未来走向直接决定着民族地区教育水平、经济发展水平与和谐社会建设的成败，以及人才培养的层次和水平。民族地区高等教育的发展，要从整个民族区域发展的全局考虑，不仅要处理好高等教育发展与民族地区经济社会发展的特殊性，而且要体现出民族性，根据本民族的经济发展特点，结合党和国家的民族理论、民族政策，形成自己的办学优势和办学特色。根据当前市场发展需求和民族需要，专门设置民族类学科以及与之相应的专业

---

[1] 杨广军：《我国高等教育公平的制度性障碍及政策建议》，《当代教育论坛（上半月刊）》，2009 年第 10 期。

与课程，主动适应民族地区经济社会发展需要的短线专业，传承和弘扬各民族优秀文化，增加高等院校的资金收入。例如，宁夏可借助中阿博览会的良好平台，加大与中东阿拉伯国家相关重大项目的合作，将高等院校的科技成果与科学资源优势转化为高等院校发展的技术优势；为政府提供相关学术服务，将科研成果转化为生产力，增加高校自身的经济效益，增强自身的主动造血功能，在竞争中求生存，在贡献中求支持，在服务中求发展，使宁夏高等教育事业快速健康发展。同时，高校要加强对本校各级领导干部和广大师生员工的思想教育和政策宣传，举办高等教育财政投入机制，改革领导干部专题研修班和师资培训班，系统全面地传授国家和自治区相关政策规定，对本校阶段性的工作指标、绩效指标、评估监评的项目和重点实行信息公开化，广泛动员高校各部门、专家学者和师资队伍参与改革方案的设计和政策研究，听取高校各部门和广大师生的意见和建议，对照每年高等教育经费公开的各项预算经费信息，加强校内自身的监督，坚定改革信心，形成改革合力，同时组织新闻媒体及时宣传报道相关经验做法，营造良好的改革氛围和舆论环境。

结　语

　　民族自治地区经济发展和社会建设能否实现跨越式发展，关键取决于教育程度的高低，尤其是高等教育所培养出的高级人才的数量和质量。高等教育的发展是宁夏作为民族自治地区社会建设的重要方面，在为民族地区实施高级人才战略、提高科技水平、促进社会发展等方面发挥了十分重要的作用。民族高等教育具有积淀、传递、选择和创新文化的功能，离开民族高等教育的发展，民族文化的创新是难以想象的。发展民族经济，提高少数民族人口的整体文化素质，必须大力发展民族高等教育事业。作为西部大开发的前沿阵地，西部少数民族地区教育面临机遇。

　　由于自然、社会和历史等诸多原因，西部少数民族地区的经济发展滞后，民族高等教育起点低、底子薄、发展难度大，提出加快发展西部少数民族地区民族高等教育，难免使人产生种种顾虑。如何抓住机遇，迎接挑战，不失时机地大力发展民族高等教育事业，已成为一个亟待解决的现实问题。国家实施的西部大开发战略，其核心问题就是少数民族地区高等人才资源的大开发。民族自治地方高等教育的发展是促进教育公平，逐步缩小民族差距，走共同富裕

道路的必由之路，也是加快少数民族地区经济发展，提高民族地区教育文化水平的"催化剂"。目前加快民族自治地方的经济发展和社会建设，最迫切需要的是各方面的学科带头人和业务骨干。而且，民族自治地方高等教育培养出来的少数民族高级人才，大部分来自本民族区域，对本民族有着深厚的感情，熟悉本地区的民族风俗和民族语言，对当前民族地区的现实状况和历史发展也有着深刻的认识，更容易在本民族地区扎根奉献，也更愿意用自己的双手去实现本民族区域的繁荣发展和经济建设。这种民族区域本土高级人才的培养，不但有利于摆脱对外地人才的依赖，而且更有利于加强民族地区自身的造血功能，逐步缩小东西部发展的差距。从长远的角度看，这是西部大开发中民族自治地方社会建设取得成功的根本所在。

一、发展民族地区高等教育极大地促进了少数民族地区经济文化和社会发展

民族地区的社会建设需要大量具备文化知识和社会技能的高级人才来完成，要构建一个民主法治、文明有序、公平正义、和谐相处的少数民族自治地方，就需要培养大量具有这种高层次、高素质的人才，这是实现和谐社会和民族团结、社会稳定的重要保证。大力发展民族地区高等教育，为民族地区提供更多接受高等教育的机会，将从源头上缓解民族地区的差距问题，并为民族地区建设输送大量的建设者。一般而言，高等教育有利于树立正确的科学观、世界观、价值观，有利于改变传统的思维模式、风俗习惯和生产生活方式，有利于民族地区经济、社会等各项事业的快速、健康发展。特别是高等教育将会对进一步破除迷信和愚昧，促进制度创新和高尚社会风气的形成，对构建和谐社会起到强大的推动作用。高等院校具有多门类、多层次的学科结构，有利于科学技术领域的相互渗透。同时，高等院校人才集中，科研力量雄厚，后备力量充足，信息资源丰富，交流渠道多，能较快地掌握和集中各种相关的科技发展动向和经济建设对科技的需求情报。民族地区高等院校可根据本地区企业的自身情况及市场前景，结合区域资源状况，有针对性地提出研发课题，与本地企业一道不断开发新产品、新技术项目。由于这种方式较好地结合了本地资源、市场需求及科研机构的研发优势，往往更具实际价值，通常都能在可控期间内转化为商品和现实生产力，是培育区域新经济增长点的一种行之有效的方式，也是发展民族经济的重要手段；而作为知识、技术、才能、信誉、社会资本等资源培育摇篮的高等院校，是完成这一重大任务的重要主体，大力发展高等教育也就成了民族地区和谐社会建设的必然选择。同时，高等教育对和谐社会建设的政治影响还表现在通过教育实现了不同民族之间的交流，推动各民族之间的和谐发展。处于民族地区的高等院校一方面融合了不同民族的学生，让各民族学生平等享受高等教育，实现了民族大团结；另一方面还在于高校为民族地区培养了一批具有较高素质的管理和法律等人才，有利于推动各种政策法规的建设与实施，从而为民族地区和谐社会建设产生良好的推动作用，维护民族地区的和谐稳定。

二、宁夏高等教育财政管理机制是发展高等教育的重要物质基础和资金保障

高等教育经费投入是保障高等教育发展的基础和前提，直接影响到宁夏地区高等教育发展的速度和质量。虽然近年来我国高等教育经费投入取得了可喜成绩，经费投入总量逐年提高、围绕

提升高职教育质量的专项投入不断增多、经费投入保障机制不断健全，但在看到进步的同时更应该关注其存在的问题。宁夏作为少数民族地区，受限于历史、地理和环境等因素，经济社会发展相对落后，政府财力薄弱，高等教育起步晚，发展缓慢。伴随着国家第二次西部大开发战略和宁夏高等教育扩招政策的实施，建立和完善一套科学、规范的高等教育财政管理机制成为了宁夏高等教育财政管理工作的战略重点，也是发展宁夏高等教育事业的重中之重。只有客观、准确地认识和把握当前宁夏高等教育财政管理机制中存在的各种问题，才能找出其症结所在，进而明确今后改革的主要方向。高等教育财政投入是高等教育事业存在和发展的资金保障和物质基础，高等院校校舍场地、教学设备、基础设施等硬实力和教学科研、学科建设、人才引进、科研能力等软实力建设，都直接需要高等教育财政投入的大力支持，并且高等教育财政投入还与民族自治地方少数民族学生入学机会和民族教育的成本息息相关。高等教育财政管理机制的健全与否直接关系到高等教育发展的兴衰成败，要加快民族自治地方高等教育快速发展，首先就要解决高等教育资金保障和高等教育财政管理机制的科学性和合理性问题。近几年，宁夏高等教育的发展得到了中央财政转移支付资金的大力支持，高等教育专项资金投入力度不断加大，使宁夏高等教育的发展有了强有力的保障，但如何高效节约、保质保量地用好这些资金，最大化地发挥每一笔资金的使用效益，则是宁夏高等教育财政管理人员应当密切关注的问题。宁夏作为西部地区经济、文化相对落后的民族自治地方，要高度重视高等教育财政管理机制的建设和发展，以此为抓手，健全管理机制，规范各项管理职能，不断增加高等教育经费总体投入，提升其在教育经费总投入中的比重；本着公平、公正的原则合理分配高等教育经费，争取实现区域间、教育系统内部的平衡；提高高等教育的全民吸引力，激发各投资主体的投资积极性；加强经费使用监管、提高经费使用效率，科学分配经费资源、最大化地发挥资金使用效益，从而不断加快宁夏高等教育事业的发展。

三、发展民族地区高等教育为研究民族地区社会建设提供了新的视角

从民族社会学的视角看，社会建设主要表现为在民族地区社会领域建立起各种合理配置的社会资源和机制，并相应地形成各种能够良性调节社会关系的组织和力量。民族地区高等教育的公平发展以及为民族地区人才培养所具有的支撑作用，构成了对民族社会学关注的一个重要视角，并在很大程度上体现为民族地区社会建设的有机成分。这既体现着社会建设水平，又影响着民族地区高等教育财政管理机制所支撑下的社会和谐。为此，中央、省级、高校三级教育财政部门必须统一思想、目标一致，从上到下密切配合、通力合作，如此才能确保宁夏高等教育的持续、稳定发展。

首先，中央教育财政部门要加大宏观调控力度，加快高等教育财政管理机制改革，建立健全高等教育财政管理的立法机制和法律保障体系，继续给予少数民族地区政策倾斜，加大扶持力度，尽快出台相关高等教育财政管理机制和民族自治地方教育财政自治权的相关政策和法律、法规，并切实加以落实，特别是对少数民族自治区在财政支持、招生政策、就业等方面进行强有力的政策导向，以帮助实现民族高等教育的跨越式发展，缩小少数民族地区和东、中部地区在教育水平上的差距。

其次，民族自治地方省级教育财政部门要进一步明确民族高等教育的改革目标，各级政府必须举全区之力，高度重视高等教育财政投入机制改革，按照教育规律和市场规律的要求，积极落实国家在高等教育财政管理体制方面的相关法律、法规，突出宁夏的少数民族特色，充分发挥教育财政自治权的政策优势，在大力争取中央财政对高等教育资金的同时，加大自治区财政对高等教育的投入责任，健全和完善以政府为主体的高等教育投入机制，调整和优化高等教育成本分担机制，积极调整和规范民族地方社会事业建设费，拓宽高校贷款、政府贴息、担保金等多元化筹资渠道，完善各种优惠政策，大力支持社会、企业、个人力量投资办学和捐资集资助学，在全社会形成捐资助学的良好氛围，改善高等教育办学条件。从宁夏的实际情况出发，充分尊重宁夏高等教育的规律和特点，建立健全民族自治地方教育财政投入自治制度体系，探索符合宁夏当地经济发展需要和民族特色的办学路子，对现有的高等教育办学模式和教育财政投入机制不断完善和改进，加强高等教育财务管理与监督机制，构建高等教育财政投入绩效评价指标体系，增强西部民族地区高等教育的内在活力和竞争力，真正促进宁夏高等教育的可持续健康发展。

再次，民族自治地方高等院校要加强自身造血功能，加快高等教育发展与市场经济发展有机结合的改革步伐。西部少数民族地区高等院校应该抓住机遇，变压力为动力，深化办学体制改革，形成多元化办学格局，加强与国内外的合作，拓宽投资渠道，吸引海内外资金和优质教育资源，弥补民族高等教育办学资源的不足。要想方设法加大教学经费的投入力度，努力改善办学条件，建立和完善现代化教育技术设施，抓紧配置基础设施，为扩大办学规模营造良好的客观环境，加强东、中部地区高校和民族地区高校之间的对口支援和协作，充分吸收国内兄弟院校先进的办学经验和办学模式，学习、借鉴国外先进的高等教育财政管理理念，最大化发挥高等教育资金的使用效益，通过产、学、研结合获取资金，并将学术科研成果转化为生产力来增加高校自身的投资，切实解决产、学、研的严重脱节问题。

根据自治区民族特色和区域经济发展需求，不断优化高等教育布局结构，调整高等教育专业设置，体现民族特色，顺应时代发展，合理统一高等院校的专业设置与自治区市场经济发展方向，加强高等教育机构与自治区企业之间的联系，扩大高等教育社会服务职能，使学术研究、科技开发和校办产业三者强强联合、并驾齐驱、共同发展，培养出一批顺应市场经济发展的、技术应用能力和实践能力强，面向生产、建设、管理和服务一线的高级科技型和应用型人才，实现高等教育健康、快速、跨越式发展，为全面建设和谐、富裕新宁夏作出更大的贡献。

参考文献

一、著作类

1.陈立鹏.中国少数高等教育立法新论.中央民族大学出版社,2007.

2.吴仕民.中国民族教育.长城出版社,2000.

3.马戎.民族与社会发展.民族出版社,2011.

4.马戎.民族社会学——社会学的族群关系研究.北京大学出版社,2004.

5.施正一.民族经济学教程.中央民族大学出版社,2001.

6.谢为熙.财政高等教育抓好教学、行政管理基础工作.广西人民出版社,1990.

7.陈学飞.美国高等教育发展史.四川大学出版社,2009.

8.张学强.中国少数民族教育与美国多元文化教育比较研究.民族出版社,2011.

9.姜峰.发达国家促进民族教育均衡发展的政策研究.民族出版社,2011.

10.金炳镐.中国民族地区政策文献选编.中央民族大学出版社,2009.

11.王蓉.高等教育规模扩大过程中的财政体系.教育科学出版社,2008.

12.王善迈.高等教育投入与产出研究.北京师范大学出版社,2010.

13.岑建君.近距离观察美国教育.外语教育出版社,2003.

14.弗兰斯·F.范富格特.国际高等教育政策比较研究.浙江教育出版社,2001.

15.乔玉全.21 世纪美国高等教育.高等教育出版社,2000.

16.约翰·斯通.高等教育财政:问题与出路.人民教育出版社,2004.

17.中国高等教育学会组.改革开放 30 年中国高等教育发展经验专题研究(1978—2008).教育科学出版社,2008.

18.吕炜.高等教育财政:国际经验与中国道路选择.(第 1 版),东北财经大学出版社,2004.

19.姚云.美国高等教育法治研究.山西教育出版社,2011.

20.王蓉.中国教育财政政策咨询报告(2005—2010).教育科学出版社,2009.

21.Laurence.Survey.The Emergence of the American University.The University of Chicago Press,2010.

22.Borlaug,M.An Introduction to Economics of Higher education. London: Penguin,2007.

23.H.Warren Button.History of Higher Education and Culture in America. Hall Dogwood Cliffs, New jersey,2009.

24.Josefa.Tannhauser, Render.Belling.Reform in the Higher Education Curriculum: internalizing the Campus.The Onyx Press,2008.

25.James.School Finance and Higher Education Policy: Enhancing Higher Educational Efficient and Equality. London: Penguin, 2009.

26.J.5.Hammer,The Public Economies of Higher Education,Public Economies DivisionPolicy Research Department,The World Bank Press,2011.

27.Jamie P.Merinos, Who benefits from higher education? An American

Perspective.International higher education，Number12，summer 2009.

二、论文类

1.吕青.试论民族社会学的研究课题.西北民族学院学报,2012(1).

2.赵利生.民族社会学的视角.中国高等教育研究,2009(3).

3.高靓.美国教育政策的特点分析.民族教育研究,2004(4).

4.教育部民族教育司.蓬勃发展的中国少数高等教育.中国民族教育,1998(6).

5.何军明.美国高等教育管理体制问题的思考.高等教育研究,2010(2).

6.胡鞍钢,熊义志.西部开发中的教育发展战略:基于知识发展框架.研究动态,2004(8).

7.刘波.我国高等教育财政管理思想研究.教育论坛,2013(3).

8.刘旭东,傅松涛.公平与效率:高等教育资源配置中政府与市场的角色适位与融合.教育理论与实践,2011(12).

9.刘向东,张伟,陈英霞.欧美高等教育经费来源及其启示.高等教育研究,2005(5).

10.孙继甫.公共财政下的高等教育财政制度问题研究.东北财经大学学报,2010(3).

11.唐红.高等教育财政管理体制改革的政策导向.中国高等教育研究,2009(6).

12.王安.高等教育的供给效应分析.国家教育行政学院学报,2010(2).

13.阎红丽.高等教育财政来源的比较研究.冶金标准化与质量,2003(3).

14.颜泽贤,吴超林.论高等教育产业发展的路径依赖.教育与经济,2001(1).

15.杨广军.我国高等教育公平的制度性障碍及政策建议.当代教育论坛(上半月刊),2009(10).

16. 杨金土. 对发展高等教育几个重要问题的基本认识. 教育研究,

2010（6）.

17.方展画.美国联邦政府与当代美国高等教育改革.比较教育研究，2009（2）.

18.傅松涛.教育本质研究中逻辑方法与历史方法的科学统一.河北大学学报，2008（1）.

19.范先佐.关于高等教育领域公平与效率的抉择.江苏教育，2011（5）.

20.褚宏启.教育公平与教育效率：高等教育改革与发展的双重目标.教育研究，2012（6）.

21.James，Reflections on the Minority Education.Minority Education，2009，49(2).

22.Henry M. Devin, Cost of Minority Educational.Education Economics，2011(5).

23.Coleman James, the Concept of Equality of Educational Opportunity.[J].Harvard Education Revved,2009(38).

24. Marks.Berger, Financial resources and enrollment in US Minority Education. Economics of Education Review, 2012(21).

25.Coleman James ."What's meant by an Equal Education Opportunity?".Oxford Review of Education,2009(1).

26.Ayala BG., Minority Education Development in Asia..Educational Administration, 2013 (04).

27.Justin M.Cameron. A Simple Measure for Minority Education. Science Business Media，2009(9).

附　录

宁夏回族自治区高等教育发展情况调查访谈提纲

1.您认为宁夏近几年高等教育取得了哪些成就和发展？

2.您知道目前宁夏高等教育经费有哪些获取途径？

3.您是否了解"民族自治地方教育财政自治权"？您如何理解该权利？

4.您认为目前宁夏的高等教育财政管理机制是否体现了民族教育自治权的优越性？

5.您认为宁夏高等教育经费使用的成效如何？有何不足？

6.您认为宁夏高等教育财政管理机制与其他发达省份或国家有何差距？

7.您对目前宁夏高等教育财政管理机制是否满意？有何改进建议？

8.您对未来五年宁夏高等教育财政管理机制改革有何规划和设想？

后 记

在忙碌的工作和学习当中，我的写作至此已算是告一段落，虽然言犹未尽。

作为一名工作在全区教育财政管理岗位的行政公务人员，我希望通过我的博士课题研究，能够对该领域的理论知识和管理机制进行全面而系统的梳理和完善，以便在今后的工作中，将理论与实践紧密结合，为宁夏教育财政事业做出更大贡献；作为一名高等教育财政管理机制课题的研究者，我希望宁夏的高等教育财政投入事业发展能站在新的历史起点上，在国家经济增长方式转变、经济结构调整和产业结构升级的关键时期能够取得跨越性和实质性的进步和转变；作为一名民族社会学专业博士研究生，我希望我的研究能够把握时代的脉搏，反映时代的需求，能为宁夏正在蓬勃发展的高等教育事业建言献策。

在这样的一个多维思考中，在导师和各位教授的精心指导下，我选择了关于"民族自治地方高等教育财政管理机制改革"这个目前还比较少的课题进行研究。

课题的研究、写作过程，本身就是一种历练与提升，遍尝其间的酸、甜、苦、辣，思索、冥想、苦闷、兴奋、顿悟，让人沉迷与陶醉，亦或洗礼与重生。今天写作之所以能够顺利完成，得益于多方面的关爱与支持。

首先，我要深深地感谢我的导师俞世伟教授，在父亲病重的危难关头，忍着亲人即将离世的悲痛心情和疲惫身体，对我的研究进行悉心指导，让我倍受感动。同时，也要深深地感谢李伟教授、马宗保教授、梁向明教授、潘忠宇教授和王正儒教授等恩师们三年期间对我学习和生活自始至终无微不至的关怀、指导和支持，在此谨表以我最衷心和诚挚的谢意。各位恩师的循循善诱和精神鼓励，一次次的耐心启发和细心指导，使我在工作的奔忙中，有勇气和毅力坚持不懈、精益求精地完成这个研究课题。今生做一回各位恩师的弟子，至尚之幸矣！

其次，要衷心感谢我的父母、兄长给予我莫大的精神鼓励和物质支持。最亲的家人对我生活上的关心和学业上的鼓励，是我顺利完成研究的最大动力。家人的悉心关怀、温暖陪伴和全力支持，是我完成博士科研课题的强大后盾。

再次，要真诚感谢宁夏回族自治区财政厅各位领导和同事的理解和帮助。正是工作单位三年来对我学业的大力支持，才能使我有充裕的时间和足够的精力全身心地投入到课题研究和写作之中。同时也要感谢宁夏回族自治区教育厅财务处、发展规划处、教科所、高教处和宁夏大学、宁夏财经职业技术学院发展规划处和财务处的各位领导和朋友们，在百忙之中他们积极配合我进行课题的访谈调研和相关数据资料的搜集，为我提供了最真实、最充分、最完整的第一手数据和调研资料，正是这些最宝贵的数据和资料，为我的研究和写作提供了有利的参考资料和科学依据。

同时，要衷心感谢北京大学教育财政科学研究所的各位专家和前辈给予我的启发和指导。各位老师精心组织和举办的各期全国教育财政专题讲座和学术交流研讨会让我受益匪浅，开阔了研究思路，激发了写作灵感，是各位老师的鼎力支持和真诚帮助，才使我的课题写作得以顺利完成。

　　一篇课题研究的完成，一个科研项目的结题，只是阶段性成果的标志，真正深入的研究才刚刚起步。下一步，我将在我的实际工作当中，不断积累实践经验，丰富教育财政投入机制理论研究，按照新形势下国家高等教育财政投入的有关新法规、新政策和新标准，积极建立宁夏高等教育财政投入新型管理状态"大数据"和高等教育财政专项资金绩效考核指标评价体系，结合宁夏区域经济发展及高等院校的民族性特点，结合"少数民族自治地方教育财政自治"政策，加强高等教育财政投入机制管理的制度、标准、评价等理论与实践研究，引导和帮助宁夏高等教育财政投入体制管理建立自我诊断、自我改进和自我完善的长效机制，为宁夏回族自治区高等教育的快速健康发展添砖加瓦，尽一份微薄之力！

马　莉

二〇一六年于银川